AMOR OU PRISÃO?

*Como se proteger de relações opressivas,
tóxicas e abusivas*

Livros do autor publicados pela **L&PM** EDITORES

Ame e não sofra
Amor ou prisão?
Amores de alto risco
A arte de ser flexível
Desapegue-se!
O direito de dizer não!
Já te disse adeus, e agora, como te esqueço?
Maravilhosamente imperfeito, escandalosamente feliz
O que toda mulher deve saber sobre os homens

WALTER RISO

AMOR OU PRISÃO?

Como se proteger de relações opressivas, tóxicas e abusivas

Tradução de Sérgio B. Karam

L&PM
EDITORES

Texto de acordo com a nova ortografia
Título original: *Enamorados o esclavizados: manifiesto de liberación afectiva*

Tradução: Sérgio B. Karam
Capa: Ivan Pinheiro Machado
Preparação: Nanashara Behle
Revisão: Mariana Donner da Costa

CIP-Brasil. Catalogação na publicação
Sindicato Nacional dos Editores de Livros, RJ

R479a

Riso, Walter, 1951-
    Amor ou prisão?: como se proteger de relações opressivas, tóxicas e abusivas / Walter Riso ; tradução Sérgio B. Karam. – 1. ed. – Porto Alegre [RS]: L&PM, 2024.
    144 p. ; 21 cm.

    Tradução de: *Enamorados o esclavizados: manifiesto de liberación afectiva*
    ISBN 978-65-5666-434-7

    1. Amor - Aspectos psicológicos. 2. Relações humanas. 3. Dependência (Psicologia). 5. Liberdade. I. Karam, Sérgio B. II. Título.

24-87640   CDD: 123.5
                           CDU: 159.947.2

Meri Gleice Rodrigues de Souza - Bibliotecária - CRB-7/6439

© Walter Riso, 2023
c/o Schavelzon Graham Agencia Literaria
www.schavelzongraham.com

Todos os direitos desta edição reservados a L&PM Editores
Rua Comendador Coruja, 314, loja 9 – Floresta – 90.220-180
Porto Alegre – RS – Brasil / Fone: 51.3225.5777

Pedidos & Depto. comercial: vendas@lpm.com.br
Fale conosco: info@lpm.com.br
www.lpm.com.br

Impresso no Brasil
Verão de 2024

Para os indignados com o amor

Sumário

Introdução 11

Capítulo 1: Amar sendo livre: "Não preciso de você, prefiro você" 15

Tema 1. Se você não ama com liberdade, é preferível não amar 17

Tema 2. Até que a morte nos separe? Ninguém pode obrigar alguém a amar 32

Tema 3. Escravos do amor: "Tudo o que faço é por você" 40

Tema 4. Ninguém pode ocupar seu território emocional sem o seu consentimento 44

Tema 5. Amar sendo livre: o esquema dependente versus o esquema independente 51

Capítulo 2: Amar sem obsessão: "Você não me deixa louco, você me deixa apaixonado" 55

Tema 6. Os que amam demais sofrem demais: "Quero mais de você, sempre mais" 57

Tema 7. Paixão obsessiva versus paixão harmoniosa: é possível abrandar e moderar o ímpeto amoroso? 62

Tema 8. O império dos sentidos: "Você ocupa todo meu ser e minha mente" 66

Tema 9. Erotismo superlativo: quando o amor se instala da cintura para baixo 71

Tema 10. Apaixonados pelo amor: "Você é minha droga preferida" 74

Capítulo 3: Amar sem renunciar à própria identidade: "Não existo por você, mas com você" 87

Tema 11. O perigo do amor siamês: "Ser um só, embora sejamos dois" 89

Tema 12. Em defesa do eu: a essência não se negocia, nem por amor 92

Tema 13. Contra a indeterminação emocional: "Eu não seria nada sem você" 96

Tema 14. "Participo de você ou pertenço a você?" 100

Capítulo 4: Amar sem medo de perder: "não ambiciono uma eternidade juntos, mas a plenitude do agora" 105

Tema 15. O amor livre é para os corajosos 107

Tema 16. No amor não existem certezas: "Preciso que você esteja sempre a meu lado" 113

Tema 17. O pior pesadelo para um dependente: "E se você for feliz sem mim?" 121

Tema 18. Cinco medos relacionados ao amor de casal 125

Conclusão 135

Bibliografia 139

Introdução

Entendo por *libertação afetiva* a possibilidade de estabelecer um vínculo amoroso saudável e sem amarras, em que cada um possa fomentar o desenvolvimento de sua livre personalidade, apesar e para além do amor. Libertação afetiva significa tomar as rédeas da própria vida emocional mesmo estando casado, sem os embaraços e sofrimentos inúteis que nos impedem de ser como realmente somos ou como desejamos ser. Trata-se de amar sem dependência e de construir um modelo de *independência afetiva* com o qual governar a própria vida emocional: discernir aquilo que se pode conceder daquilo que, por princípio, não é negociável. Sabedoria afetiva ou amor sábio, amor que reinventa a si mesmo, irrefreável e sempre para cima.

O sacrifício ilimitado do próprio eu como requisito para chegar a um amor de casal é um vestígio de uma concepção anacrônica, assentada na dor e na abnegação amorosa como princípios imprescindíveis para que uma relação possa fluir e perdurar. Nas culturas que valorizam excessivamente o amor, sempre se vê com certa benevolência o sacrifício irracional amoroso, seja físico ou psicológico: "Como ela o ama!" ou "Tudo que faz é por amor!", é o que se costuma dizer ao buscar uma explicação que o justifique. Eu, ao contrário, vejo as coisas de outro modo: "Se alguém se autodestrói em nome do amor, é porque ama muito pouco a si mesmo".

Deixar de lado a própria dignidade para ficar ou conviver com outro é um ato de covardia, mesmo que a sociedade enalteça esse gesto por meio dos Romeus e Julietas que inundam o cinema, a televisão, a literatura e a música. Você já ouviu com atenção as letras dos boleros? Detidamente? Parecem escritas por membros dos Apegados Anônimos: os protagonistas rastejam, imploram, se dilaceram, gemem, amaldiçoam, choram e sofrem a não poder mais. Montados numa nostalgia pungente, regozijam-se com o mal de amor, com aquilo que poderia ter sido e não foi, com o afeto transformado em sofrimento, não importa por que razão. Presente, passado e futuro angustiante, turbulento e pesaroso, matizado apenas por alguma alegria efêmera convertida rapidamente em nostalgia. É o discurso revoltado do sujeito dependente, do ciumento e do despeitado. "Faça de mim o que quiser, desde que seja por amor."

Libertação afetiva, concretamente: libertar-se de quê? De quatro crenças absurdas sobre o amor, que nos esmagam e limitam nosso crescimento pessoal. Quatro máximas que geram uma enorme carga emocional que arruína o amor e o transforma em algo doentio e altamente perigoso: "Se você ama, deve se escravizar", "Se você ama, deve ficar obcecado", "Se você ama, deve perder sua identidade" e "Se você ama, deve ter medo de perder seu parceiro". Quatro "deveres" claramente destrutivos para a saúde mental: amor opressivo, obsessivo, mesclado e temeroso. Os quatro cavaleiros do Apocalipse do mundo amoroso, quatro fardos que carregamos na maioria de nossas relações afetivas, em maior ou menor grau. Assim nos ensinaram, desde o começo, e assim temos transmitido de geração em geração: amor e sofrimento, duas caras da mesma moeda.

No entanto, apesar desse modo de conceituar a experiência afetiva, é possível criar um esquema mental libertador e construtivo que se oponha aos quatro pontos indicados: ao amor opressivo, oponho um amor livre; ao amor obsessivo, oponho um amor apaixonado, porém sereno; ao amor mesclado, oponho um amor com identidade pessoal; e, ao amor temeroso, oponho um amor corajoso. Quatro pilares sobre os quais se podem construir relações prazerosas e toleráveis, nunca perfeitas, mas alegres e agradáveis, embora às vezes possam nos fazer querer mandar tudo para o inferno, inclusive nosso parceiro ou parceira. Por que estes quatro pilares, se há muitos mais? Conhecendo a complexidade do assunto, considero que os quatro pontos indicados são o epicentro do apego ao amor e que, se conseguíssemos nos libertar deles, poderíamos enxergar o caminho em direção a um amor independente, pleno e saudável, muito mais livre.

Este livro é composto por quatro capítulos, que se referem a cada uma das crenças mencionadas anteriormente. O conteúdo desses capítulos se desenvolve por meio de uma série de temas. Recomendo que sejam lidos na ordem em que se apresentam, para seguir sua lógica interna. Trata-se de um livro pequeno e condensado, daí o subtítulo de *Manifesto*. O dicionário de María Moliner define assim a palavra *manifesto*: "Documento em que uma pessoa, grupo ou entidade torna públicos seus princípios ou intenções". Em definições de outros dicionários, acrescenta-se que os princípios e intenções respondem a uma ideologia, geralmente relacionada com a política ou com a arte. No presente livro, deixo expressa minha avaliação psicológica sobre certos aspectos do amor que, sem dúvida, responde, por sua vez, a uma determinada visão de mundo, a certos princípios e a uma ideologia pessoal. Espero que alguns dos aspectos aqui analisados levem os leitores e as leitoras a pensar e a descobrir o amor para além dos termos convencionais.

CAPÍTULO 1

AMAR SENDO LIVRE: "NÃO PRECISO DE VOCÊ, PREFIRO VOCÊ"

A liberdade não consiste em se ter um bom amo, mas em não ter um.

Cícero

Tema 1
Se você não ama com liberdade, é preferível não amar

As três liberdades do amor

Acompanhando o filósofo inglês John Stuart Mill, considero que a emancipação emocional no amor se define por três tipos de "liberdades": de *consciência*, de *gostos e atividades* e de *associação*. Qualquer evento ou circunstância (inclusive o amor) que nos impeça de exercê-las afetará significativamente nosso progresso psicológico e crescimento pessoal. Nunca é demais dizer que cada uma dessas liberdades deve ser exercida sempre que não prejudique os outros em seus direitos individuais.

1. Liberdade de consciência: pensar, sentir e opinar sobre todas as áreas que consideremos significativas para nossa existência

Se, por amor, devo restringir minha liberdade de expressão, bloquear meus pensamentos e sentimentos legítimos ou dizer o que não penso para não afetar a relação ou para não gerar "mal-estar" no outro, é porque meu vínculo se rege pela submissão e pela proibição. Minha vida amorosa está viciada. O apego corrompe as pessoas e seus laços afetivos.

Uma paciente dependente me dizia: "Sei que meu marido é um tirano, mas é um tirano justo". Um bom ditador? O amor também deve ser democrático. Minha paciente era uma mulher subjugada e não queria sair de sua opressão: o medo de ficar sozinha era mais forte. Como era de se esperar, não aguentou muitas sessões de terapia, já que sua depressão tinha a ver justamente com o "bom ditador", e ela não estava disposta a fazer sua revolução pessoal e livrar-se do jugo de um amor autoritário. Lembro que uma vez me disse: "Não sei se isso é normal, mas ele se incomoda com meu jeito de rir... Eu sou muito expressiva, sabe?, e às vezes grito muito, ou, como ele diz, 'abro muito a boca' quando dou uma gargalhada. Assim, para evitar problemas e fazê-lo feliz (no amor, é esse o objetivo ou não?), optei por rir de outra maneira: fecho mais a boca e faço menos ruído... Às vezes me esqueço disso, mas ele olha para mim e imediatamente me dou conta... Metade das minhas amigas acha que isso não é normal e a outra metade diz que, no amor, é preciso aceitar tudo... O senhor, o que acha?". Devolvi-lhe a pergunta, como nós, psicólogos, costumamos fazer: "E você, o que acha?". Ela insistiu: "Não sei, isso não está claro para mim, por isso lhe pergunto: qual sua opinião sobre isso? Acha que é normal?". Então decidi lhe responder francamente: "Eu riria do jeito que quisesse. Isso faz parte de você, de sua formação mais básica, de sua essência. Eu a vi rindo aqui algumas vezes e devo lhe dizer que sua maneira de fazer isso é agradável e contagiante. Isso é o que eu faria". Ela ficou pensando: "E se meu marido reclamar ou não falar comigo?". Sugeri a ela que comprasse para ele uns fones de ouvido e ela então soltou a risada proibida: seus olhos brilhavam como se estivesse experimentando uma catarse. Ela bem que gostaria de dizer a seu marido: "Se não quiser me escutar, tape os ouvidos, seu estúpido", mas não tinha coragem. Assim, continuou a esconder sua risada.

2. **Liberdade de gostos e atividades:** liberdade para moldar nosso plano de vida conforme nossa maneira de ser e fazer o que quisermos (digamos mais uma vez: sem prejudicar ninguém)

Se, por amor, devo mudar meu modo de ser, minha vocação e minhas preferências, não estou emparelhado, mas escravizado. Algumas pessoas trocam o "fazer o que se gosta" por "fazer o que o outro gosta" e depois de um tempo acabam fartas disso e desgostosas consigo mesmas por terem se colocado em segundo plano.

Lembro de um homem aposentado que, para agradar sua mulher, se levantava às cinco da manhã e ia com ela à aula de ioga. Numa determinada sessão, ele se queixou disso, porque havia muitas coisas que não queria fazer e acabava fazendo "para evitar discussões". Esse tipo de prevenção é uma boa estratégia quando estamos diante de perigos objetivos. No entanto, se não for uma questão de vida ou morte, seu efeito é negativo, já que costuma adiar a solução do problema. No caso de meu paciente, dizer "sim" quando queria dizer "não" gerava nele ressentimento e mal-estar, em vez de resolver as dificuldades. De todas as coisas que se sentia obrigado a fazer sem que o quisesse, a ioga era o que lhe causava mais estresse. Numa sessão, perguntei a ele: "Não lhe parece paradoxal que justamente a ioga, um método projetado para buscar a paz interior, seja aquilo que esteja lhe causando transtornos?". Ele tomou fôlego e explicou o seguinte: "A professora me parece uma ridícula metida a exotérica, as posições deixam meus músculos doloridos (peso quase cem quilos), a respiração que ela ensina me deixa tonto... Todos fazem cara de feliz e eu fico bocejando. Não vamos esquecer que são cinco horas da manhã!

Eu preferia ficar em casa curtindo uma preguiça, me levantar mais tarde e sair para caminhar tranquilamente... Minha mulher não me entende e, cada vez que digo a ela que não quero ir, me repreende porque não cumpro meus compromissos. De acordo com ela, só os vagabundos dormem até tarde. Uma vez eu me rebelei e ela não falou comigo por uma semana, então não tive outro remédio a não ser voltar às aulas de ioga. Ela quer um homem espiritualizado a seu lado, e eu não sou assim. Inclusive cheguei a ir a inúmeras conferências com budistas e mestres de todos os tipos, mas para mim isso não funciona, não combina comigo. Eu gosto do campo porque lá há vacas que se pode comprar e vender. Sou comerciante, de coração, e, quando consigo fechar um negócio, me sinto realizado. Eis minha iluminação. Eu gosto muito dela, temos uma linda família e netos maravilhosos, e pretendo manter tudo isso em harmonia... Mas não sei, acho que o remédio é pior do que a doença... Não posso fazê-la feliz com algo que vai contra minha natureza".

Ele tinha razão. As escolhas feitas sob coação se voltam contra nós como bumerangues e acabam sendo prejudiciais. Quem disse que a ioga é para todo mundo? O que meu paciente gostava de fazer entre as cinco e as sete da manhã? Dormir. Uma atividade muito agradável, sem dúvida. Ele se sentia pressionado e não era livre para escolher, havia imposição e inclusive intimidação por parte de sua esposa. Por fim, sua mulher concordou em conversar comigo e aceitou respeitar a "liberdade de gosto" de seu marido e eliminar qualquer tipo de chantagem emocional.

Conheço pessoas que, de tanto fazer a vontade dos outros, acabaram por perder seu modo de ser original, violentaram-se internamente tentando se adaptar a situações irracionais que deveriam ter recusado categoricamente. Não me refiro a negociações sobre questões operacionais que surgem no dia a dia e que existem na vida de qualquer casal (um bom tipo de acasalamento), mas a mudanças essenciais na maneira de pensar e de se comportar para manter o casamento a salvo. Se a mudança que a relação exige de você vai contra o desenvolvimento de sua livre personalidade, talvez seja o caso de mudar de cônjuge. Vejamos um exemplo.

Certa vez uma jovem paciente chegou ao meu consultório porque tinha decidido se casar e tinha algumas dúvidas. Embora seu namorado e ela tivessem sido felizes em sua relação até aquele momento, viram-se obrigados a lidar com uma questão da qual sempre tinham fugido. O jovem era viciado em maconha, com um consumo contínuo e em doses bastante elevadas. Minha paciente aceitara isso no passado, mas, agora que pensavam em se casar, uma dúvida a assaltava: como criar um filho com um pai drogadito? Enquanto isso, o namorado respondia dizendo que ela não o deixava ser livre e que estava lhe impondo condições. O problema estava colocado e a solução à vista, embora nenhum dos dois gostasse dela: se o que ela exigia ia contra o que ele considerava vital e inegociável para sua vida, existia uma incompatibilidade de fundo. As posições eram tão radicais e opostas ("Quero que você deixe de consumir drogas" vs. "Não pretendo abandoná-las") que a ruptura parecia ser a única saída inteligente para aquele conflito. Isso faz dois anos. Os jovens adiaram o casamento e, no entanto, ainda discutem sobre a possibilidade de ele abandonar ou não o vício. Continuam a se amar, mas a relação não consegue avançar até o ponto que os dois queriam. O que recomendo nestes casos? Se, depois de um tempo razoável, não surgirem soluções sensatas no horizonte, é melhor romper a

Amor ou prisão? 21

relação. Melhor se afastar, mesmo que doa. Ela me dizia: "Se ele me amasse de verdade, largaria o vício". E ele: "Se ela me amasse de verdade, me deixaria ser como sou". Necessidades incompatíveis, controvérsia existencial insolúvel e um amor que irá de mal a pior.

3. Liberdade de associação: liberdade de se unir a outros indivíduos para qualquer propósito que não implique, naturalmente, prejuízo para os demais

Se, por amor, devo perder meus amigos e meus grupos de referência, talvez seja mais saudável não ter um parceiro. Não é possível viver somente para a pessoa amada e não se anular. O funcionamento ótimo de qualquer ser humano inclui as relações interpessoais, a sociabilidade, a vida em sociedade, os amigos etc. Somos animais sociais, como já se disse infinitas vezes. Não obstante, muitos apaixonados se empenham em isolar o parceiro do resto do mundo, especialmente os dependentes, e "confiscá-lo", como se se tratasse de uma mercadoria: "Você existe só para mim". Este "amor de presídio", em que um vive exclusivamente para o outro e em que o ser amado é detido em nome do amor, acaba com o potencial da pessoa e com o próprio amor que tanto se pensa estar defendendo. Com o passar do tempo, a vítima se torna rotineira, alienada, antissocial, embora isso nem sempre seja evidente. Muitas vezes, a "proibição" se disfarça em atitudes de falsa proteção e passa despercebida. Nestes casos, funciona como um câncer oculto: hoje tiram um pouco da sua liberdade, depois restringem mais ainda sua vida e chegará o momento em que você não poderá nem se mexer sem pedir licença.

Vejamos dois exemplos de "liberdade vigiada".

Uma paciente, depois que seus filhos já estavam criados, começou a estudar na universidade, apesar da oposição de seu esposo. O homem opunha resistência a tudo que tivesse a ver com o estudo, especialmente aos grupos de trabalho dos quais ela tinha de participar. Cada vez que ela ia a uma dessas reuniões, o interrogatório era quase policial. Ele nunca a impedia abertamente de sair, mas a interrogava por vários minutos: com quem, onde, até que horas, quem passaria em casa para pegá-la, qual seria o assunto do estudo, enfim, o "para quê" e o "porquê", em detalhes. Um belo dia, depois de analisar em profundidade a questão, e como uma boa advogada em potencial, ela não quis mais dar explicações (haverá algo mais maravilhoso do que se cansar de algo e se livrar disso de uma vez por todas, sem temer as consequências?). Escreveu uma carta ao marido e a leu para ele cara a cara numa das consultas. Cito o principal:

> Estou farta. Sou uma mulher de 45 anos e não posso me reunir com quem tiver vontade! Se for por ciúme, aprenda a controlá-lo. É verdade, a maioria de meus colegas é de homens e mulheres jovens, mas eu não estou indo à faculdade em busca de romance, vou para estudar. E, além disso, são meus amigos e amigas, e gosto de sair com eles para tomar um café, para rir e conversar. O que há de errado com isso? Com você eu me entedio, sim, me entedio. Você vive enclausurado e desconfiando de todo mundo... Faça o que quiser, porque não vou mais lhe dar explicações sobre meus movimentos. Não mais. Vou te avisar quando tiver de sair e pronto. Se você é um ermitão, eu não sou. Fiquei atrelada a você por muito tempo, agora decidi ser livre...

Ato contínuo, leu uma frase do Mestre Thích Nhất Hạnh, que dizia: "O verdadeiro amor faz com que se encontre a liberdade. Quando amamos de verdade, damos ao outro uma liberdade absoluta. Se não for assim, não se trata de um amor verdadeiro. O outro deve se sentir livre não apenas por fora, mas também por dentro".

Primeiro o homem empalideceu e depois se indignou, protestou e esperneou (os senhores não gostam que os escravos se rebelem). Na verdade, o grupo de estudos acabou desencadeando outros problemas mais profundos, quase todos relacionados com uma forma de submissão que tinha funcionado por anos e da qual minha paciente tinha sido vítima. No fim das contas, o senhor não teve outro remédio além de aceitar a revolução "feita em casa" e dividir o poder com a nova insurgente. Para isso foram necessárias várias sessões.

Em outro caso, um paciente tinha de pedir permissão para sua mulher, com uma semana de antecedência, cada vez que queria sair para jogar pôquer com seus amigos. A mulher sempre o "deixava ir", mas, para isso, durante a semana anterior, ele devia pagar três "multas": botar as crianças para dormir todas as noites, botar o lixo para fora e lavar os pratos. O mais surpreendente é que ele enxergava essas condições como algo normal. A frase intimidatória era a seguinte: "Se você quer sair para se divertir sem mim, para gastar dinheiro com seus amiguinhos, então vai ter que pagar a multa correspondente". Na "semana de multas", a mulher descansava das tarefas de colocar as crianças para dormir, tirar o lixo e lavar os pratos. Estas tarefas, que eram compartilhadas nas épocas de "normalidade", passavam a ser de responsabilidade total dele, por causa do jogo de cartas. Se ele queria mesmo jogar pôquer, esse era o preço a pagar. Havia um "custo de resposta" antecipado, um requisito imprescindível imposto por sua mulher, que ele aceitava. A conclusão é taxativa: se, por amor, você perdeu o direito de escolher e de se reunir com seus amigos ou amigas, você está muito mal de parceiro. Não "compre" sua liberdade, simplesmente a ponha em prática, e, se o outro não gostar, tente explicar tudo com paciência e muito amor. Se a pessoa continuar sem entender, o problema é dela.

Necessidade versus preferência

Se num dia qualquer você dissesse de maneira assertiva ao seu parceiro: "Não preciso de você, prefiro você", provavelmente ele olharia para você com desconfiança e perguntaria: "O que significa *exatamente* isso que você disse?". E você teria de explicar a coisa toda com riqueza de detalhes, sob pena de a confusão se transformar em polêmica e, em seguida, em discussão. Você poderia dizer o seguinte: "Significa, meu amor, que o coração me mostrou o caminho até você, me fez descobrir você, e eu aceitei tomar este caminho: eu, minha mente, minha decisão, minha vontade. Significa que *te amo porque quero te amar, porque te escolhi*". E, se não entender, explique outra vez. Mas, se continuar sem entender, fuja, para o mais longe possível.

Analisemos detalhadamente as implicações de uma afirmação como "não preciso de você, prefiro você", no amor de um casal.

Em primeiro lugar: "Não preciso de você" quer dizer que seu parceiro *não é absolutamente imprescindível ou indispensável para que você seja feliz*. A pessoa que amamos *contribui* para nossa felicidade, é verdade, mas não a *determina*. Afirmar com o coração na mão, quase sangrando: "Meu Deus, preciso tanto de você!", não é uma demonstração de amor, mas de carência exacerbada. A necessidade desesperada do outro é uma faca de dois gumes, que acaba por escravizar. Se a pessoa que você ama é *imprescindível* para o seu bem-estar e a sua realização pessoal, você não tem um parceiro, mas um amo ou uma religião. Que independência emocional você pode ter se vai obrigatoriamente exigir a presença dessa pessoa para que sua vida tenha sentido?

Eis aqui alguns "palavrões" que estão associados à experiência afetiva e que seria preciso erradicar de nosso vocabulário e de nossos pensamentos: amar absoluta, obrigatória, imperiosa, total ou categoricamente. São dogmatismos da mente e do coração, que se torna fundamentalista e inflexível. Uma posição mais razoável deixaria de lado os absolutismos: "Poderia ficar sem você e, ainda assim, continuar com minha vida e tentar ser feliz". Desamor? Não. Emancipação afetiva, autogoverno, simples assim, maravilhoso assim. Em outras palavras: "Você não é um requisito indispensável para que eu me sinta bem e desfrute de minha existência". E se ainda lhe restar algum resquício de sobriedade e de autonomia, apesar da investida amorosa, poderia ensaiar o seguinte argumento, esperando que o outro não entre em crise: "Você não preenche tudo [em minha vida]". Tenha em mente que não estou me referindo a necessidades secundárias, elementares e cotidianas, como "preciso que você me ajude a arrumar a cama", "preciso que me ajude a pendurar a cortina", "preciso que você faça uma massagem nas minhas costas" ou "preciso de um abraço", ou seja, pequenas ajudas, auxílios ou mimos localizados: *estou falando é da necessidade vital ou da exigência do outro como um sustentáculo da própria existência, como um vazio extremo que é preciso preencher ou um déficit de vida ou morte que deve ser remediado*. Todos nós temos necessidades que pensamos que o amor vai resolver. O importante é identificá-las e se desprender delas, ou reduzi-las ao máximo, para evitar cair no apego ou num amor utilitário.

Uma mulher dependente me dizia: "Para quê vou me arrumar, sair ou ir ao cinema se ele não está". Ele a tinha deixado de um dia para o outro, sem a menor compaixão, e ela não parava de suplicar, aos prantos: "Preciso dele para viver!". Durante cinco anos, tinha tecido a armadilha de um apego feroz, tinha criado um condicionamento generalizado e radical. Ela o havia incorporado a cada ato de sua vida, e, de um momento para o outro, teve de encarar uma solidão para a qual não estava preparada. Suas expressões eram eloquentes e desoladoras: "É como se tivessem arrancado um pedaço de mim", "Tenho um buraco no coração", "Para que viver?". Enquanto isso, apelando para um realismo linha-dura, minhas respostas soavam como um disco arranhado: "Ele não te ama", "Quem te magoa não te merece", "Se alguém tem dúvida se te ama, é porque não te ama" etc. Depois de alguns meses, com ajuda terapêutica, ela conseguiu vencer a angústia causada pelo vazio da solidão e tomar conta de si mesma. Na vida de casal sempre é preciso deixar um espaço para ficar a sós, sem o outro, um reduto particular para usufruir sem companhia ou espectadores, e semear ali nossos sonhos intransferíveis. É como um seguro de vida em face da perda afetiva. Minha paciente não tinha criado um repertório personalizado para lidar com o abandono e o desamor, daí a crise.

O *Diccionario esencial de la lengua española* assim define a palavra *necessidade*: "Aquilo do qual é impossível se eximir, faltar ou resistir". Para a psicologia, mais otimista, não é impossível se eximir, faltar ou resistir, mas é preciso lutar e suar muito para acabar com as necessidades que determinam e transformam um vício num imperativo categórico para a sobrevivência.

Em segundo lugar: "Não preciso de você" significa que não estou com você para suprir uma carência ou resolver um problema pessoal. Não estou com você porque você supre uma falta, satisfaz alguma tendência ou corrige uma situação. O amor corretivo, o amor terapeuta ou o amor de prótese são pseudoamores. A premissa é a seguinte: "O que me leva até você não é a carência de algo que você completa ou consegue transformar, mas o prazer de estar com você em sua plenitude; a vivência daquilo que você é, para além dos ganhos secundários que eu possa ter, decorrentes de minha problemática pessoal".

O filósofo francês Marcel Conche escreveu: "Necessito te ver tanto quanto o faminto precisa do pão; o deserto, da água; o ferimento, de um curativo, e como a noite profunda do universo necessita da luz pálida que cai do firmamento". Pobre Marcel, quanta dor! Um casal não deveria ser uma nascente no meio do deserto para resolver uma desidratação profunda (necessidade), mas um bom vinho para degustarmos a nosso bel--prazer (desejo como potência). Se você estiver com uma sede brutal, não vai saborear a água, vai simplesmente ingeri-la. Porém, se o que lhe move é o gosto, vai saboreá-la. Fome de amor ou degustação do amor? A segunda hipótese, sem dúvida.

A necessidade como carência do outro nem sempre é simbólica, às vezes se torna tão real que fica muito difícil de controlar. Lembro do caso de um homem de meia-idade, casado em segundas núpcias, quando sua mulher lhe disse, na minha frente, que já não o amava. O marido só conseguiu dizer: "Mas você, para mim, é como o ar, não pode me faltar!". Ela se manteve firme e lhe disse que havia outra pessoa. Meu paciente começou a gritar como um louco: "Preciso de você como do ar, preciso de você como do ar!". Levantou-se de sua poltrona e começou a caminhar de um lado para o outro, repetindo essa frase como um mantra. De repente desabou, caiu de joelhos, se inclinou contra a parede e começou a ficar roxo. Estava se asfixiando! Depois de algum tempo, conseguimos controlar a situação, e a mulher, mais assustada do que ele, prometeu que iria rever sua decisão. Um erro grave. Alimentar a esperança de um condenado à morte só consegue agravar os sintomas. É melhor o realismo do que o autoengano, por mais duro e cruel que seja. A separação acabou acontecendo, mas a um custo psicológico enorme para ambas as partes. Literalmente, ele precisava dela como do ar.

O "amor compensatório" se perde na tentativa de suprimir a privação da pessoa amada: se você for fraco, vai procurar uma pessoa forte para compensar, vai se prender a essa fortaleza e acreditar que a ama, quando, na verdade, vai estar apegado à sensação de se sentir protegida ou protegido. Se for uma pessoa que padeceu a solidão, vai procurar um parceiro que ofereça companhia e vai se apegar à sensação prazerosa de companheirismo. Se for pobre, é possível que o dinheiro e as pessoas milionárias exerçam uma forte atração sobre você, que poderá se prender ao parceiro ou parceira por causa do dinheiro e de suas vantagens, e vai amar tanto essa pessoa quanto seu capital. Verifique se você ama a pessoa com quem está por aquilo que ela é, ou se, na verdade, você "ama" o que ela lhe oferece para suprir o seu déficit. É aí que nasce o apego mais cruel. Você poderia dizer que são as duas coisas, que estamos sempre procurando algo mais. Aceitemos isso. Mas, nesse perigoso jogo duplo, é preciso ter claro até que ponto se trata de uma coisa e outra, até onde você pode amar sem corromper esse vínculo por precisar de algo extra. Não misture tudo indiscriminadamente. Pare para pensar e faça de seu amor uma experiência consciente. Analise quanto amor você sente simplesmente para satisfazer uma necessidade ou atingir uma meta e quanto sente pelo simples prazer do outro, sem qualquer tipo de acessórios. Uma coisa são os privilégios que vêm atados ao parceiro, e outra, muito diferente, que o parceiro venha atado aos privilégios.

Em terceiro lugar, afirmar "prefiro você" significa que *eu o escolho entre muitas opções*. Não é só Cupido quem me flecha, decide por mim e me arrasta, não é o meu coração ferido ou conturbado que procura por você: também sou eu que, em pleno uso de minhas faculdades, fazendo uso da razão (ou do que restou dela) decide dar ouvidos ao sentimento que me impele. Não estou falando de paixão, mas de amor. Quando estamos sob o efeito do amor passional, não pensamos, somos emoção/erotismo em estado puro, e, embora o cérebro permaneça ativo em certos âmbitos, não é nada fácil usá-lo de maneira plena e eficiente. Porém, quando a curva da efervescência amorosa declina e o frenesi dá lugar a um sentimento razoável e fundamentado, em que ainda há capacidade de pensar, a preferência assume o comando. Você já não será mais um cordeirinho que o sentimento amoroso arrasta pelo nariz até que se ajoelhe. Vai agir com consciência. Os zumbis amorosos acabam por se devorar entre si causando desastres. Vamos repetir, a premissa é a seguinte: "Prefiro você, para mim você se destaca dentre a maioria, você é minha predileção". Obviamente há aí um sentimento, mas também uma ordem interior que me permite te amar de modo sóbrio e inteligente. Se eu só estivesse com você por causa daquilo que necessito suprir ou consertar, o que aconteceria quando estas necessidades fossem satisfeitas? Prefiro você, desejo você, não como um analgésico, mas como pura alegria. Que alegria? Parafraseando os filósofos André Comte-Sponville e Baruch Spinoza: *a alegria de que você exista.*

Concluindo, a frase "não preciso de você, prefiro você" refere-se, em última instância, aos graus de liberdade possíveis de que podemos chegar a dispor no amor, enquanto pessoas: a possibilidade de escolher no amor e continuar sendo donos de nós mesmos.

Tema 2
Até que a morte nos separe?
Ninguém pode obrigar alguém a amar

"Vou te amar a vida inteira" ou a asfixia existencial

Quando juramos "vou te amar a vida inteira", o que queremos dizer? Posso jurar que aquilo que sinto pela pessoa que amo hoje não vai mudar? É verdade que eu poderia me comprometer a fazer todo o possível para que a relação funcione, a respeitar minha parceira ou parceiro, a tentar ser fiel e honesto com todas as minhas forças, mas jurar que meu sentimento amoroso permanecerá incólume, imutável, *in saecula saeculorum*, não me parece possível. Não poderia garantir isso. Insisto: posso tentar, dar o melhor de mim, mas garantir a eternidade seria atrevido e irresponsável de minha parte. Como ter certeza de que meu mundo afetivo não vai escapar ao meu controle? E se a pessoa que eu amo trocasse de sexo, se tornasse infiel, viciada em drogas ou abusadora? E se resolvesse começar a roubar, assassinar, abusar de crianças, explorar a mim ou a outros? Ou, dito de outro modo: se seus valores fossem abalados e nos transformássemos em duas pessoas moralmente incompatíveis, devo continuar ali porque em algum momento disse "juro"?

Se prometo que "vou te amar a vida inteira", estou me metendo num beco sem saída, já que não vou poder mudar de opinião, sob pena de ser uma pessoa incoerente, pouco séria e confiável. Uma mulher gritava histericamente com seu marido: "Como assim que você já não me ama? Onde fica o juramento que você me fez?!". Ele se limitou a dizer: "Que juramento?". Ela jogou nele um belo cinzeiro que tenho em cima de minha escrivaninha, que milagrosamente não quebrou. O homem não se lembrava do juramento que havia feito sob o furor da paixão, em algum momento da vida. Shakespeare afirmou: "O juramento de um apaixonado não vale mais do que a palavra de um garçom de cervejaria. Um e outro não servem para nada além de autenticar contas falsas".

Suponhamos que você dissesse a seu parceiro: "Se não posso deixar de te amar, significa que deveria te amar por obrigação. Se não tenho a liberdade de deixar de te amar algum dia, vou me sentir encurralado, preso a um 'deveria' assustador. Amar você deixará de ser um prazer e ficará manchado pelo medo de não cumprir com a exigência. Por isso vou te amar, naturalmente, até onde meu coração sinalizar. Prometo ser persistente e tenaz em manter o amor que sinto por você; no entanto, preciso ter uma janela aberta: a do desamor, a opção de que, caso não possa mais te amar, seja capaz de expressá-lo e de vivê-lo sem culpa". O que ela faria? Seria extraordinário se respondesse algo assim como: "Graças a Deus que você está me dizendo isso! Penso da mesma forma!". O amor andaria sobre rodas.

Vamos botar os pés no chão. Sempre juntos? Pois tentemos, com uma boa dose de realismo: se tudo andar bem, se não quisermos nos matar nem nos torturar, se não nos odiarmos, se formos capazes de conviver com as diferenças, se não nos deixarmos iludir, enfim, se tudo andar razoavelmente bem, então ficaremos juntos. Não digo que tudo deva andar perfeitamente, mas deve haver mais coisas boas do que ruins, e as coisas ruins, que sempre existem, não deverão afetar nenhum de nossos princípios básicos. Muitas pessoas adoram dividir o sofrimento que se infligem mutuamente, como se isso os unisse mais. No entanto, se aguentar não é o mesmo que se amar. Eu não *suporto* a mulher que amo: eu a *respeito*, e espero que você também não suporte a pessoa a quem ama. O poeta francês Louis Aragon escreveu:

> Não há amor sem dor
> Não há amor que não morra
> Não há amor que não seque
> Não há amor que não viva de lágrimas e espera
> Não há amor como o amor pela pátria
> Não há amor feliz
> Mas é esse o nosso amor

Grande consolo o de Louis Aragon. Se a relação que temos é uma tortura, o amor que sentimos é uma carga e um sofrimento, mas é "nosso", é preciso aceitá-lo e resignar-se a ele. Na verdade, não deveríamos dar importância ao fato de que seja "nosso amor", porque, se nos faz sofrer, esse amor não nos convém. Simples assim. Não importa que você tenha jurado antes: se hoje, aqui e agora, a relação que você tem não faz bem à sua vida e o faz regredir em vez de crescer, isso é suficiente para colocar um ponto final nela. Não obstante, se sua vocação é a de carregar uma cruz e perseverar na dor, faça isso, mas então não se queixe. Como amar de verdade, alegre e tranquilamente, se não amarmos com "a liberdade de não continuar a amar"? Proibir o amor é uma heresia. Proibir o desamor é uma estupidez.

O amor sob coação: "Preciso que você me ame e ponto final!"

As pessoas dependentes pressionam, perturbam, insistem, não escutam a razão e coagem o outro para que continue apegado a elas. Por acaso você age dessa maneira? Tem surtos de apego inquisitivo? O *amor sob coação*, que obriga e exige, contrapõe-se ao *amor consensual*, que integra e procura estabelecer acordos. Se você já não é amado ou desejado como gostaria, poderia pedir explicações, debater, discutir ou pedir esclarecimentos ao seu parceiro ou parceira sobre a origem do desamor ou da malquerença. Mas, se a atitude do outro é firme e segura, para que fazer isso? Não faz muito sentido conversar com uma parede. O melhor para sua saúde mental, nestes casos de rejeição afetiva, é aceitar a realidade e sair carregando sua dor nas costas, sem birras, sem escândalos, como um bom perdedor faria (ou como um ganhador, se descobrisse que estava perdendo tempo). Alguns apegados insistem e persistem, juram uma e outra vez que vão mudar ou se renovar de modo extremo, para que o amor do outro ressurja das cinzas. Já vi gente que prefere a piedade do ser amado ao abandono. Lembro do caso de uma mulher que, depois de uma infinidade de súplicas, conseguiu convencer seu apático marido a lhe dar "outra oportunidade". Em menos de um mês, o homem entrou em crise novamente. Ela voltou a implorar e ele voltou a tentar, sem resultados, e mesmo assim não se separaram. Os ciclos se repetiram: desamor do marido, choro e súplicas por parte dela ("Não me abandone!", "Não sou capaz de te perder!", "Pense nos filhos, na família, na Igreja!") e tentativas, por parte do homem, de amá-la outra vez. Depois de dois anos nesse cabo de guerra, perguntei a ela se não estava cansada de mendigar afeto.

Sua resposta foi bastante pragmática: "Pelo menos ele não foi embora... Me ensinaram que devo lutar pelo meu casamento, e estou fazendo isso. Prefiro que fique comigo por obrigação do que perdê-lo".

Um paciente, ao saber que já não era correspondido por sua mulher e que esta pensava em deixá-lo, disse a ela: "Mas o que você está dizendo? Não vê que eu te amo?". A esposa se limitou a responder: "E daí?". Embora seja uma coisa óbvia, os apegados ao amor não conseguem enxergar essa realidade: amar não obriga o ser amado a corresponder a este afeto. É tão óbvio! Os dependentes acham que o mundo gira ao seu redor e por isso caem num infantilismo cognitivo: "Se eu te amo, você deve me amar e ponto final!". A premissa que esta frase esconde é: "O mundo gira ao meu redor, e você também".

Duas afirmações antiliberdade e uma resposta afetiva libertadora

As pessoas presas a relações que não se mostraram boas e das quais pretendem se libertar têm de enfrentar uma série de obstáculos e pressões impostas pela cultura que perpetuam o sofrimento e dificultam a possibilidade de fazer mudanças. Mostrarei dois típicos argumentos bloqueadores para em seguida me referir a uma resposta libertadora.

- Primeiro argumento antiliberdade: "Se você se equivocou ao escolher seu parceiro, já não há nada a fazer".

Por que é tarde? Por que não se pode corrigir o erro? Quem disse que não há marcha a ré? Muitas vezes, devido a um problema de resignação crônica, não vemos as coisas com clareza, subestimamos nossas forças e nos imobilizamos. Exigir "moralmente" que alguém persista no erro, como uma forma de castigo, é definitivamente cruel. Qualquer um pode se enganar na hora de estabelecer um vínculo, porque nas primeiras fases do contato amoroso o otimismo é exponencial. Com o passar do tempo, os fatos nos fazem encarar a realidade: "Pensei que conseguiria conviver com seus 'pequenos' defeitos, que logo revelaram não ser tão pequenos" ou "Achei que poderia sobreviver à sua frieza, mas me enganei, preciso de alguém carinhoso a meu lado". Superestimamos o amor e pensamos que, graças a ele, poderemos mover montanhas. Gravem isso a fogo, metam isso na cabeça: *o amor não pode tudo*, e o mais provável é que não o ajude a suportar seu parceiro se ele ou ela for insuportável. Você tem o direito de errar e de corrigir o erro: exerça esse direito, mesmo que os moralistas de plantão chafurdem em suas condenações.

• Segundo argumento antiliberdade: "Você me conheceu assim como sou".

A resposta mais inteligente para uma afirmação como essa é simples e contundente: "E daí? Mudei de opinião!". Numa sessão, um senhor alcoólatra recriminava em sua esposa a falta de paciência que ela tinha com seu problema. A esposa vinha lidando com o vício do marido havia quinze anos. Apesar de suas tentativas de chantageá-la emocionalmente, ela se mantinha firme em sua atitude: "Ele não é um bebunzinho amável, simpático e alegre... Fica estúpido, agressivo, escandaloso... Mais de uma vez bateu em mim e já prometeu centenas de vezes que vai parar de beber, mas não é capaz. Já me cansei, já não quero saber de nada". O homem repetia sua argumentação, uma e outra vez, como se tivesse o apoio de um determinismo celestial: "Ela me conheceu assim, doutor, me conheceu assim". A mensagem oculta era a seguinte: "Ela sabia o que a esperava, assumiu um compromisso sabendo como eu era, e, se sabia, que se ativesse às consequências". De acordo com ele, não havia como voltar atrás. Um pensamento como esse peca claramente por ser estático e inflexível, mas sobretudo por ser pouco realista: as pessoas podem mudar de opinião, esmorecer com a passagem do tempo ou, simplesmente, se cansar. O esposo amargava cada dia de sua vida, então o que minha paciente devia fazer? Conformar-se com uma existência cruel e afundar no vício ao lado de seu marido? Não podia pensar em se salvar? Quinze anos já tinham significado um esforço suficiente. Eu a vi depois de estar separada há três anos e havia rejuvenescido. Estava, como dizemos em Nápoles, "fresca como uma rosa", e, além disso, livre.

- Resposta radical libertadora: "Você já não faz bem à minha vida".

Essa é a frase que, como uma redenção, nos devolve o controle sobre nossa vida, quando já acreditávamos tê-lo perdido por estar com a pessoa errada: "Você já não me convém", "Você já não faz bem à minha vida". Simples e contundente assim. Maravilhoso para quem está aprisionado num vínculo asfixiante. Pura tomada de consciência. Os acontecimentos bons ou benéficos são os que nos ajudam a viver e a levar uma vida relativamente feliz; os ruins ou prejudiciais são os que vão em detrimento de nossos objetivos, interesses e valores. Pois talvez tenha chegado a hora de dizer algo assim para a pessoa que o oprime e da qual você quer se libertar: "Sua presença em minha vida vai em detrimento de meus objetivos e valores mais profundos. A seu lado me afundo na mediocridade, regrido, me limito, me reprimo; deixo de voar para me arrastar".

Não são motivos suficientes? O que mais querem os fanáticos da união amorosa a qualquer preço? Devemos descartar tudo aquilo que nos impeça de existir mais e melhor (o *connatus* de que falava o filósofo Spinoza): *não faz bem à nossa vida*. É uma questão básica de sobrevivência, mesmo que a dor de uma relação ruim pareça se justificar pelo amor. Há amores que matam, mas é preferível viver.

TEMA 3
ESCRAVOS DO AMOR:
"TUDO O QUE FAÇO É POR VOCÊ"

Se existe dependência, adeus individualidade. Você vai avançar ao compasso do outro, de suas necessidades, caprichos ou sugestões, às suas custas, ou sem a menor autodeterminação: "Só o que importa é você". Entregar-se sem pudor ou princípios implica deixar de fora o controle da própria vida e se escravizar. O que mais poderia significar a famosa frase "seu desejo é uma ordem para mim"? Os indivíduos que pensam desta maneira colocam todas suas faculdades e recursos mentais a serviço da pessoa amada e vivem atentos a cada um de seus sinais e necessidades, como se se tratasse de uma obrigação inescapável.

Uma paciente comentou que, cada vez que o marido chegava do trabalho, ela, só de vê-lo (na verdade, ela o *escaneava*), já sabia como tinha sido seu dia de trabalho, que problemas havia enfrentado e qual era seu estado de espírito. Como a melhor das gueixas, corria a seu encontro para tentar diminuir sua ansiedade e fazer suas vontades. Quando lhe perguntei se ele fazia o mesmo com ela, trocou de assunto. Eu insisti: "Suponho que você também se canse e se estresse. Cuidar da casa e das crianças não é fácil. Ele observa isso, presta atenção a isso, ajuda você?". Ela me disse que esse não era o estilo dele e me confessou que, na verdade, bem que gostaria de ter um "gueixo" de vez em quando. Estava acostumada à sua própria frustração: "Tudo o que faço é por você, embora a maioria das coisas que você faz não seja por mim". Dar sem esperar nada em troca acaba com qualquer relação de casal humano e mortal. Mais cedo ou mais tarde, esse "dar sem receber" vai afetá-lo, a não ser que o outro esteja doente ou tenha alguma limitação incapacitante. Sem reciprocidade não há vínculo que aguente ou que se mantenha no terreno do saudável. "Tudo o que faço é por você, nunca por mim": não importa o tom em que isso seja dito, é falta de amor-próprio.

Um adolescente jurou para sua namorada: "Farei o que você me pedir, contanto que sigamos juntos". Ela, sem demora, se limitou a verificar a proposta: "O que eu pedir?", perguntou. Vá saber o que passou por sua mente, porque não voltaram ao consultório. Muito desespero e muito pouca autoestima por parte do jovem: "Farei o que você me pedir" ou, o que dá no mesmo, "Faça o que quiser de mim". Puro apego e necessidade imperiosa do outro, sem medir as consequências. Isso não é amor, mas subordinação emocional. As pessoas dirão "Como ele a ama!", e eu digo "Como ama pouco a si mesmo!".

Agir exageradamente em função do outro e "ver só pelos seus olhos" é algo que tem, pelo menos, duas consequências negativas para a saúde mental: a) deixar de levar em conta a si mesmo e se colocar em segundo plano na relação; e b) fazer com que o parceiro ou parceira se acostume a receber mais do que a dar. Como disse antes, quando a reciprocidade se quebra, aparecem os ditadores e os tiranos. É difícil ficar com alguém que se comporta como um escravo e não se sentir um "amo". É tão confortável que a pessoa amada viva em função da gente! Lembro do caso de um casal no qual o marido se queixava porque, de acordo com ele, a mulher já não gostava dele como antes. A principal reclamação do homem é que sua esposa já não cortava as unhas de seus pés nem os lavava. Por seu lado, a mulher se negava a fazer isso porque, segundo ela, ele "já não era tão carinhoso e amável como antes" e, portanto, num ato de repúdio, ela tinha decidido castigá-lo. Perguntei à mulher por que ela lavava os pés do marido todos os dias e ela me respondeu que era porque não gostava de vê-lo com os pés sujos e as unhas compridas, mas também porque gostava muito dele e essa era uma maneira de demonstrar seu amor. Aceitemos que existam diferentes formas de manifestar o afeto e que todas sejam, a princípio, válidas: cada casal define seu conluio amoroso. Mas o problema, nesse caso, era que o homem tinha transformado essa história de lavar os pés num direito pessoal, quando, na verdade, não era mais que um privilégio, um agrado que sua mulher lhe fazia. Esse era o motivo de ele estar mais indignado do que triste. Em sua cabeça, a esposa tinha violado descaradamente um direito pessoal, e tinha que reparar isso. Procurei fazê-lo cair na real, mas foi impossível. No fim das contas, o problema se resolveu quando a troca de "reforçadores" se equilibrou: ele continuaria a ser o centro da vida de sua esposa, repleta de vantagens, em troca de ser um pouco mais carinhoso com ela. Naquilo que é essencial, a relação continuou desequilibrada, mas ela se conformou com bem pouco. Voltou a lavar os pés do marido e ele diminuiu seu nível de antipatia.

É extremamente complicado ser livre se só se vive para agradar o outro. O que você nunca deve perder é seu *ponto de controle interno*, ou seja, a capacidade de tomar conta de você mesmo e de administrar sua própria conduta. Estar atento a você mesmo: querer-se, cuidar-se, reforçar a si mesmo. Sem guiar sua própria vida você será como um barco à deriva. A solução está em elaborar um pensamento mais construtivo, de mão dupla: "Me ocupo de você e *também* de mim", "Penso em você e *também* penso em mim", "Ajudo você e *também* me ajudo". Sua vida não deve girar ao redor de seu parceiro ou de sua parceira, como se você fosse um satélite preso à sua órbita. "Tudo o que faço é por você": a frase esconde uma falta de respeito por si mesmo. Amar não é se sacrificar e se anular, é um dar e receber prazeroso, de ambas as partes, de maneira equilibrada.

Fique com a seguinte autoafirmação. Que lhe sirva de referência, ou, se considerar prudente, comente-a com seu parceiro ou parceira (embora seja recomendável dar a ele ou ela, antes, um tranquilizante):

> Não existo por você ou para você, a qualquer preço e de qualquer maneira. Meu amor pela sua pessoa, minha entrega, minha solidariedade têm limites, não são incondicionais. O dia que você não me quiser, violar meus princípios ou afetar minha autorrealização será o dia em que teremos ultrapassado uma espécie de linha vermelha. A partir do momento em que eu tiver de desaparecer ou me amesquinhar para que você possa brilhar, não estarei mais em sua vida. *Gosto de você, mas também gosto de mim.* Essa é a palavra de ordem, a premissa que você também precisa assumir, se quiser continuar comigo, para que fiquemos juntos em paz e harmonia.

Tema 4
Ninguém pode ocupar seu território emocional sem o seu consentimento

"Tudo que é meu é seu"

Seu espaço, meu espaço e um espaço comum; seus amigos, meus amigos, nossos amigos; seus livros, meus livros, nossos livros; seus gostos, meus gostos, nossos gostos. Enfim: o seu, o meu e o nosso. Os melhores casais estão apenas parcialmente sobrepostos e deixam uma zona de respiro em que podem se mover confortavelmente. O amor absorvente é destrutivo.

Não estou defendendo a indiferença e o egoísmo interpessoal, mas uma forma de relação na qual cada um tenha claro até onde é capaz de negociar sua privacidade. Por exemplo, é mais fácil dividir o dinheiro do que nossos pensamentos ocultos. É mais fácil dizer "Meus bens materiais são seus" do que dizer "Minha mente e minha alma pertencem a você". Uma coisa é emprestar o computador e outra é entregar a senha de acesso pessoal. Podemos dormir na mesma cama, mas a coisa se complica se o outro ocupa nosso lado da cama sem permissão. Não é tão simples aceitar que nosso parceiro nos "colonize" e se aproprie de nosso espaço e tempo vital, mesmo que esbanje ternura. Nós, psicólogos, chamamos de *territorialidade* essa zona de reserva pessoal a partir da qual nos sentimos violentados ou desconfortáveis se alguém a ultrapassar. E me refiro tanto à *quantidade* de espaço/tempo ocupados quanto à sua *qualidade*. Há momentos especiais, resquícios mentais, lugares íntimos e objetos particulares que não temos vontade de dividir e que não queremos que entrem em nenhum tipo de bem comunitário ou comum ao casal.

Se você for dessas pessoas que sustentam e defendem que "tudo que é meu é seu, e vice-versa", você perdeu seu individualismo. Com o passar do tempo, uma relação totalmente sobreposta e que não respeita o território do outro costuma se transformar num inferno. Gostemos ou não, há momentos que são *exclusivamente* pessoais, que não foram projetados para duas pessoas, mas para uma só. Ser desprendido e generoso com o parceiro ou parceira não significa perder a identidade e se sentir invadido ou espoliado. Lembro do caso de um paciente que vivia irritado com sua mulher porque ela não lhe dava a senha de seu correio eletrônico pessoal. A posição do homem era intransigente: "Se realmente nos amamos, não deve haver segredos entre nós". Puro idealismo e romantismo obsoleto. Meu paciente vivia num mundo idílico, do qual finalmente desceu, ou talvez devesse dizer: caiu sem paraquedas. Foi muito difícil para ele aceitar que praticamente todos os casais têm segredos e que as pessoas não abrem as comportas de sua mente de par em par para ninguém, porque a maioria de nós esconde pequenos "pecados domésticos". Fantasias inconfessáveis, ideias loucas, sonhos perdidos, preferências e gostos que não são para contar para ninguém. Todos temos informação confidencial, e você também, leitor, se por acaso estiver aí fazendo uma carinha de anjo. Nesse reduto individualizado, muito específico, o *eu* se mantém e se regozija consigo mesmo. Meu paciente propunha uma abertura absolutamente transparente, mas ela não cedeu: nunca lhe revelou sua senha pessoal. É difícil lidar com a premissa das pessoas possessivas: "Você me pertence, e, consequentemente, a informação que você guarda em seu cérebro também".

Não conte tudo ao seu parceiro

Muitas pessoas me perguntam: "Devo contar tudo para meu parceiro?". Minha resposta é taxativa: "Obviamente não!". Há coisas que ninguém entenderia, só você, seu psicólogo e, às vezes, seu melhor amigo ou amiga. Nem é preciso dizer que esta posição é incompreensível e inadmissível para alguém ciumento.

Uma paciente foi até meu consultório porque não sabia se devia contar ao marido que, enquanto faziam amor, ficava fantasiando com o cunhado. Disse a ela que, antes de tomar qualquer decisão, tentasse entender a origem e a estrutura de sua fantasia. Depois de algum tempo, descobriu que o motivo pelo qual se sentia atraída pelo cunhado era a figura esbelta do homem, já que seu marido tinha bastante sobrepeso e a comparação era inevitável. A solução foi ao mesmo tempo prática e audaciosa: o esposo emagreceu vários quilos e os dois começaram a compartilhar fantasias vendo filmes pornô e armando trios e quartetos com sujeitos imaginários, desde que não fossem da família. Depois de uns meses, o cunhado perdeu seu encanto, como num passe de mágica. O marido nunca soube da fantasia da mulher. Insisto: não é recomendável entrar cruamente na mente de seu parceiro, mesmo que ele o permita, porque ninguém sabe que coisas ou incidentes encontraremos ali. Uma alma em dois corpos? Semelhança demais, opressão demais. Prefiro duas almas unidas, que se contemplam na diferença, que reconhecem o ego alheio a partir do próprio, a um emaranhado amorfo e confuso, transbordante de amor.

Não conte tudo, filtre a informação, não prejudique sua relação em nome de uma comunicação obsessiva. Para continuar a ser você mesmo, para manter sua essência livre de impurezas, aproprie-se do silêncio oportuno, do discernimento de se saber singular, não importa o quanto você ame o outro. Que seu parceiro entenda que vocês são dois, embora às vezes pareçam ser um só.

Dois exemplos de "territórios ocupados"

Um casal foi até meu consultório porque o homem sentia que ela não respeitava seus espaços pessoais. O exemplo recorrente era o futebol. Ele alegava que queria ver os jogos sem ela e com os amigos, e ela afirmava que tinha todo o direito de vê-los com ele. Quando perguntei à mulher se ela realmente gostava de futebol, ela me disse que "mais ou menos", que não entendia muito bem, mas estava disposta a aprender. Por outro lado, o marido defendia sua posição com unhas e dentes e não tinha a menor intenção de ensinar nada a ela.

À primeira vista, pode parecer que o homem estava sendo egoísta ao não querer abrir espaço para a mulher em seu hábitat futebolístico, mas também é certo que, se você não puder decidir o que quer fazer sem a companhia de sua parceira, obviamente sem ofendê-la ou violar seus direitos, vai se sentir asfixiado na relação. Quem estava com a razão? Para mim, a dúvida se dissipou quando ouvi a seguinte descrição feita pelo homem: "Doutor, o senhor me pergunta por que não quero que ela assista futebol comigo. Vou lhe dizer: porque é um pesadelo! Em primeiro lugar, somos oito amigos, e a única mulher sentada ali é ela, a meu lado e pegando minha mão, quando o que preciso é justamente mexer as mãos, me agitar, pular e gritar. Cada vez que dou um grito, ela me olha como se eu estivesse me excedendo. Sabe o que ela me diz: 'Que necessidade você tem de gritar tanto?'. Isso numa jogada perigosa, ou num gol! Na hora do gol a gente grita! Mas isso não é tudo: depois vêm as perguntas e os comentários ridículos. Quando um jogador cospe, ela cobre os olhos e diz: 'Que nojo!' ou 'Que mal-educado!'. Doutor, os comentários dela me deixam nervoso. Se vê um jogador que lhe parece atraente, exclama 'Que pernas mais lindas!', ou então pergunta 'Como se chama? É casado?'. E agora, o cúmulo: um dia fizeram um golaço e todos pulamos da cadeira e nos abraçamos. Ela perguntou: 'O que aconteceu?'. Não havia se dado conta de que a bola tinha entrado no arco do outro time! Além disso, sempre me pergunta: 'E esse aí, de que time é?'. Eu gosto muito dela, doutor, mas, quando vejo futebol, ela é um estorvo. Nesses momentos eu também a quero, mas a quero longe... o mais longe possível...".

Nem é preciso dizer que o tom usado pelo homem se parecia a um lamento, quase uma súplica. A mulher se limitava a olhar para ele e dizer "E que importância tem isso?", e repetia uma e outra vez: "Os casais devem compartilhar as coisas". E, na verdade, ela tinha razão: os casais devem compartilhar as coisas, *mas não tudo*. Com a aprovação de ambos, decretei uma zona de restrição. Expliquei à mulher que, se ela negasse a ele a possibilidade de ficar sozinho com seus amigos e de ser livre para fazer o que quisesse em frente a uma tela de TV, a relação iria se ressentir disso. Fiz outras sessões com a mulher, para que ela não somente respeitasse o território de seu marido, mas que também delimitasse o seu e o defendesse como privativo de sua individualidade. Se eu me intrometesse, sem ser convidado, nas reuniões que minha esposa tem com suas amigas, além de fazer um papel ridículo, provavelmente ela ficaria sem amigas.

Em outro caso, presenciei o seguinte diálogo entre os membros de um casal:

> Ela: Posso sair com minhas amigas nessa quinta-feira?
> Ele: De novo? Você não saiu na semana passada?
> Ela: Sim, mas é o aniversário de Lolita.
> Ele: Bem, não sei...
> Ela: Por favor, meu amor, por favor!
> Ele: Bom, está bem.
> Ela (*pulando da cadeira e abraçando-o*): Obrigada, meu amor, muito obrigada!

Alguma coisa aí não está bem, não é mesmo? E isso é tão comum! Se não soubéssemos que são marido e mulher, poderíamos acreditar que se trata de uma conversa entre um pai e uma filha. Pedir permissão? Não seria suficiente avisar e informar oportunamente para que o outro não se preocupe, e pronto? É claro que não se trata de desaparecer cada vez que der vontade, mas esperar a libertação e a "bênção" do parceiro para agir na vida é muita dependência. O paternalismo ou o maternalismo fazem adoecer, limitam, em nome do amor. Por acaso você precisa de uma autoridade que o controle para funcionar como pessoa? Isso não é amor, é superproteção, e, possivelmente, desconfiança. Ela me disse numa sessão: "Ele é um homem adorável e se preocupa muito comigo". Eu perguntei a ela: "E o que você faz quando ele *não a deixa ir* a algum lugar?". Ela me respondeu com certa picardia: "Eu tenho meus instrumentos... Sei convencê-lo, e quase sempre consigo fazer o que quero... Algumas vezes não me deixa sair, teima, e então

Amor ou prisão?

não saio. Mas não importa, não se pode fazer tudo". Escrava feliz e obediente, resignada à sua sorte, tentando convencer o carcereiro.

O pior de uma relação de dominação/submissão é quando nenhum dos dois se dá conta do tipo de vínculo que mantêm, e acham normal ou se acostumam a isso. "Ele decide, eu obedeço": a expressão não deixa de ser humilhante, embora tudo pareça cor-de-rosa. Permissão para existir, permissão para respirar... Atrás desse tipo de relação se esconde o sentimento de possessividade mais desmedido. Sentir-se dono ou dona do casal: "Sou sua", "Sou seu", "Você me pertence" ou "Eu pertenço a você". Amor em liberdade condicional. Há casais que, quando se separam, deveriam pagar fiança.

Tema 5
Amar sendo livre:
o esquema dependente versus o esquema independente

As *pessoas dependentes* não se incomodam de perder a liberdade quando fazem parte de um casal, pelo contrário, comprazem-se na submissão afetiva ("Faça de mim o que quiser, você tem o poder") porque se sentem mais seguras, protegidas ou amadas. Sua premissa é categórica: "Quanto mais amarrados estivermos, mais felizes seremos". E essa felicidade não é gratuita, tem um motivo de fundo, relacionado com o medo de perder o outro: "Quanto mais apegado ou apegada eu estiver a você, mais difícil será você me deixar de lado". A estratégia preferida para manter o conluio da dependência é a submissão: não expressar, sentir ou pensar qualquer coisa que possa contradizer ou provocar mal-estar no outro. Adeus, liberdade; bem-vinda a escravidão por amor. Os gostos e atividades das pessoas dependentes ficarão condicionadas à aprovação de seu parceiro ou parceira, bem como a possibilidade de ter amigos ou amigas. "Decida por mim, você sabe melhor do que eu o que me convém", dizia uma garota de dezessete anos para seu amado da mesma idade, o qual se mostrava claramente empoderado por seu papel de "guru existencial" dela. Ele iria comandar a vida de sua parceira, e a pergunta que surge é natural: quem iria comandar a vida *dele*? No mundo inteiro, milhares de pessoas adotam a dependência emocional e a perda de liberdade como estilo afetivo: "Não prefiro você, acima de tudo preciso de você". Acorrentados a um amor e aparentemente felizes, enredados num vínculo de dominação/submissão escolhido por eles mesmos. Uma mulher profundamente apegada a seu parceiro conduzia sua vida de acordo com a seguinte norma: "Quanto mais livres nós dois formos, tanto maior a probabilidade de que nossa relação acabe". Ou, dito de outra maneira: "Prefiro estar presa numa relação, mas com a certeza de que não haverá ruptura".

Para a pessoa dependente, o objeto de seu amor é imprescindível para seu funcionamento como ser humano. Sua mente não concebe a vida sem o outro. Daí advêm as crenças irracionais como "Não posso viver sem você" ou "Você é tudo para mim". Seu esquema mental central é de *carência*, de *vazio* e de uma *necessidade* premente, que só a pessoa amada poderá preencher ou resolver. Seu pesadelo interpessoal, o pior de todos, é não ter quem tome conta dela e ter de enfrentar a vida sozinha, sem alguém que a ame.

No fundo de toda pessoa apegada se esconde um esquema de imaturidade que, devido a seu egocentrismo, é incapaz de aceitar a realidade, especialmente a realidade afetiva, se esta contradisser suas crenças básicas. Quando um sujeito dependente *exige* ser amado, o que está fazendo é ignorar o outro como um interlocutor válido: "Quero que você me ame, não importa o que você sinta!". Porém, se o outro deixou claro que já não o ama, sua atitude se transforma num chilique infantil.

Amar sendo livre é correr riscos, explorar o mundo e as relações afetivas corajosamente. Amar sendo livre é ser sempre igual a si mesmo, profundamente autêntico e senhor de seus atos. Amar livremente é se autogovernar. As pessoas dependentes não entendem isso e preferem ser colonizadas ou invadidas pelo parceiro ou parceira. O pensamento que as governa é o seguinte: "Me ame como quiser, mas tome conta de mim!". Para elas é muito difícil ser autônomas e livres, já que não se bastam nem aceitam a si mesmas. Assim, o amor se transforma numa desculpa para que alguém mais forte as "adote" e cuide delas.

As *pessoas independentes* são amigas da liberdade. Não pensam que o parceiro ou parceira deva interferir de maneira categórica em suas decisões, em sua maneira de pensar, sentir e agir. Defendem sua liberdade de expressão e não aceitam proibições amparadas no amor ou em qualquer outra atitude de superioridade/dominação. Amam sendo livres. Comprometem-se sem se escravizar e sem coações. Defendem a evolução de sua livre personalidade e não permitem chantagens emocionais, mas a comunicação aberta e franca. Não se guiam pela premissa: "Farei o que for preciso para não perder você". O respeito por si próprios não é negociável, por isso não "compram sua liberdade" em busca da aprovação dos outros: simplesmente a exercem por direito próprio. As pessoas independentes propõem uma relação emancipada, sem medo da solidão, resoluta e honesta. Não são movidas pelo desejo de suprir necessidades, mas pela *escolha* sadia de seu mundo afetivo. Seu pensamento de fundo é libertador: "Não deixarei que você me aprisione, mesmo que seja em nome do amor". Seu esquema básico é definitivamente saudável: amor e liberdade não são incompatíveis.

CAPÍTULO 2

AMAR SEM OBSESSÃO: "VOCÊ NÃO ME DEIXA LOUCO, VOCÊ ME DEIXA APAIXONADO"

Há quem tenha o desejo de amar, mas não a capacidade de amar.

Giovanni Papini

Tema 6
Os que amam demais sofrem demais: "Quero mais de você, sempre mais"

O cantor Bryan Adams, numa de suas canções ("Everything I do, I do it for you"), faz uma sentida apologia do sofrimento amoroso, sem pudor ou desculpas. Cito uma estrofe:

> Não há lugar para mim
> a não ser que você esteja lá.
> Não há nada que eu queira mais
> do que o seu amor.
> Eu lutaria por você, sofreria por você.
> Sim, eu morreria por você,
> Você sabe que sim:
> Tudo que faço, eu faço por você.

Se Bryan Adams realmente pensa assim, ele precisa de uma terapia urgentemente. Esta canção foi traduzida para várias línguas, inclusive para o espanhol, e foi interpretada muitíssimas vezes. Mais uma contribuição para a construção do conceito de amor viciante e desesperado. Você não precisa andar pela vida abatido, suplicante, sofrido e rastejante frente à pessoa amada para confirmar que está apaixonado. Quando alguém afirma "Não posso viver sem você", já ultrapassou a linha do razoável, já está com um pé na patologia e o outro no apego afetivo.

Amar demasiada, exagerada e desmesuradamente é cair no insaciável. Um paciente me dizia, tomado pela angústia: "Nunca estou satisfeito, nunca... Quero mais dela, e quanto mais ela me dá, mais quero". Um círculo vicioso que vai num crescendo. Se você está com uma pessoa que te ama demais, o amor se transforma num saco sem fundo: "Quero mais de você", uma e outra vez, reiterada e compulsivamente, como um viciado em busca de sua dose. Talvez você já tenha se envolvido com alguém insaciável. Você ficou a noite toda de carinho em carinho, de ternura em ternura, de orgasmo em orgasmo, e, ao amanhecer, para sua surpresa, o outro age como se a coisa toda estivesse apenas por começar, com a mesma vontade e sem a menor demonstração de cansaço. E você pensa: "Como é possível? Quer mais? Estou precisando descansar, e também de um pouco de solidão!". Assim é a realidade: o amor pegajoso e sem limites vai aos poucos causando aversão. Ficar com uma pessoa que parece não se satisfazer com nada em termos afetivos é uma tortura, porque você se verá obrigado a dar a ela o que já não quer ou não pode. A premissa é determinante: se há exigência amorosa, há estresse, e, se há estresse, o amor se distorce. O carinho é uma bela virtude, e as expressões de afeto são, em geral, encantadoras e desejáveis, mas, quando excessivas, perturbam. Além de um certo limite, até mesmo o carinho se torna pesado. Além disso, como as pessoas não têm o mesmo parâmetro de sensibilidade e tolerância, cada um tem um ponto de exclusão a partir do qual as manifestações de amor exageradas se transformam num pesadelo. Sejamos sinceros: às vezes somos tentados a alçar a bandeira branca e declarar um "cessar-fogo amoroso" por algumas horas ou dias, para recuperar o fôlego. Uma vez perguntei a um paciente o que ele mais desejava obter com a terapia de casal. Ele ficou me olhando por algum tempo e me disse: "Respirar". Estava tudo dito. Há amores que matam por asfixia.

Como se fosse pouco isso que acabei de contar, as pessoas que amam em demasia precisam confirmar que o amor está ativo minuto a minuto, por isso perguntam e indagam constantemente sobre os níveis de afeto do outro, ou os deduzem, para se tranquilizarem ou então para se preocuparem: "Você está sério, está acontecendo alguma coisa?", "Estou te achando estranha", "Você me ama tanto quanto eu te amo?", "Você me quer hoje?". Um dos indicadores preferidos usados por quem ama em demasia é a resposta sexual, o que não deixa de ser um erro. A quantidade e a intensidade das relações sexuais nem sempre se relaciona ao amor de forma direta. Você pode ter o melhor sexo do mundo sem sentir amor, e o pior sexo amando muito. Uma paciente que vivia antecipando o abandono do marido me dizia: "Enquanto ele estiver funcionando bem sexualmente comigo, tenho esperança". Estava equivocada. Depois de algum tempo, o homem a deixou por uma mulher com quem não tinha relações sexuais tão boas, mas com quem tinha afinidades em muitas outras áreas. O desejo não assegura a permanência numa relação porque são necessárias outras coisas: comunicação, humor, projetos, gostos comuns, uniões profundas, sintonia, respeito, entre outras.

Voltando à música, o grupo espanhol El Canto del Loco, que já não existe, numa de suas canções que ainda podemos ouvir, "No puedo vivir sin ti" [Não posso viver sem você], mostrava algumas das consequências de se amar demais:

> Você está há anos enredada em minhas mãos,
> em meus cabelos, em minha cabeça.
> E não posso mais,

não posso mais.
Eu devia estar cansado de suas mãos,
de seus cabelos, de suas manias,
mas quero mais, eu quero mais.
Não posso viver sem você,
não tem jeito.
Não posso viver sem você,
não tem jeito.

"Eu devia estar cansado, mas quero mais." Eloquente e trágico. Puro vício, cantado e captado pelo imaginário coletivo. Como disse antes, se o sentimento afetivo é insaciável, estamos diante de um fenômeno contaminante e destrutivo. Por isso os que amam demais não suportam ficar longe da pessoa amada nem por um minuto. Uma separação de alguns dias se transforma, para eles, num suplício. "Não tem jeito", realmente, de resolver um amor que age como um tsunami e arrasa com tudo? Pois tem: chama-se ajuda profissional. Se a coisa já escapou ao seu controle e o amor o leva a se comportar de maneira estúpida ou perigosa, peça ajuda; não subestime isso, não é um problema menor. Do contrário, se você não fizer nada, vai viver numa instabilidade constante. Um amor atropelado sempre se fragmenta, explode na sua cara, e juntar os cacos para voltar a montá-lo é muito difícil, senão impossível.

"Quero repetir o que vivi com ele outra noite", me dizia uma mulher mais velha que tinha tido um caso com um homem mais jovem. Uma aventura sexual circunstancial, aparentemente irrelevante, tinha deitado raízes em sua mente necessitada de amor. Uma única noite tinha sido suficiente para que a mulher criasse uma expectativa otimista sobre a possibilidade de chegar a ter algo sério com seu amante furtivo.

O argumento no qual baseava suas expectativas não era dos mais fortes: "Sei que ele gostou muito de mim". Aconselhei-a a não continuar procurando por ele e a analisar as coisas mais friamente. Ela, no entanto, já se achava sob o domínio de Eros. Não me dei por vencido e expliquei a ela que há encontros que existem para uma única vez, e o mais indicado é se esquecer deles. Não obstante, minha paciente "queria mais", "queria repetir", e então ligou para ele e voltaram a se encontrar. Nada a fazia ouvir a voz da razão. No terceiro encontro, ficou sabendo que o jovem tinha uma namorada. Foi um duro golpe para sua autoestima, e achei que já não iria querer saber desse assunto, mas um coração entusiasmado é, por definição, especialmente teimoso e exigente: agora não apenas queria repetir a experiência, mas também esperava que o homem largasse a namorada. Numa sessão, me perguntou: "O senhor acha que se deve lutar pela pessoa que a gente ama?". Tinha se apaixonado depois de apenas três encontros! Rápido demais para o meu gosto, encanto demais, ilusão demais, demasiado apego ao prazer. Muitos "demasiados", com os quais ela não soube lidar. Acabou se transformando numa amante a mais daquele homem, inclusive depois de ele ter se casado com sua namorada.

Tema 7
Paixão obsessiva versus paixão harmoniosa: é possível abrandar e moderar o ímpeto amoroso?

Paixão: vontade, afeição veemente por algo ou por alguém. *Entusiasmo*: sentir a força ou a ira de Deus no peito, segundo os gregos. Apaixonar-se por seu parceiro ou parceira é criar um laço de interesse intenso e afeiçoar-se a ele ou a ela energicamente. Não digo se apegar, mas se vincular à vitalidade que o amor dá, que sem dúvida é muita. Outra coisa é enlouquecer, perder contato com a realidade e ficar obcecado a ponto de esmagar a própria mente e transformá-la numa sucursal do outro. Ser invadido pela obsessão não é estar apaixonado, mas perturbado e vítima de uma ideia fixa que nos condiciona até à alma. A afirmação "Você não me deixa louco, você me deixa apaixonado", com a qual este capítulo começa, significa que te sinto e te vivo intensamente, com plenitude, mas sem crises emocionais nem estados alterados. Para me alegrar no amor não preciso da mania, não preciso perder o autocontrole e fazer com que as funções cerebrais se reduzam à sua expressão mínima. Posso amar você e continuar sendo quem sou, em pleno uso de minhas faculdades, sem exacerbar os sentidos, como vimos antes, mesmo que os viciados no amor e os "amor-dependentes" protestem.

Na *paixão obsessiva* o que nos guia é a obstinação, o desvelo, a preocupação em ficar com o outro. Não se aproveitam os momentos especiais, porque a mente só está interessada em se apropriar da pessoa amada e mantê-la sob controle. Não insista em procurar a "loucura do amor": todas as pesquisas realizadas sobre esse assunto, no campo da psicologia, concordam em que um amor obsessivo é destrutivo e pouco saudável para o progresso e a manutenção de uma relação afetiva.

Um homem me dizia: "Vivo para ela, e tudo gira ao seu redor... Ela preenche minha existência, não tenho cabeça para mais nada". E, na verdade, era assim. O amor por aquela mulher tinha se apoderado de sua mente. Ele já não funcionava do mesmo jeito nas diferentes áreas de sua vida e só se interessava por falar sobre ela e nada mais. Toda sua existência havia se concentrado numa pessoa que o deslumbrava. E eis a curiosidade: quando pedi a ele que me falasse sobre a mulher em questão, sobre sua personalidade, sobre o que pensava, seus sonhos e projetos, não soube o que me dizer. Analfabetismo emocional e obscurantismo amoroso. A paixão obsessiva, paradoxalmente, conduz ao desconhecimento de quem realmente é o ser que você ama, de sua estrutura básica, de sua natureza vital. A obsessão pelo outro acaba se transformando num egocentrismo elementar e crasso. "Enlouquecer de amor" implica uma incapacidade substancial de enxergar além do que é evidente, de ler o subtexto da pessoa que se comunica conosco e de entender suas intenções mais básicas. Dizem que o diabo se manifesta nos detalhes: pois o amor também. Refiro-me aos "pequenos detalhes" que definem um casal e que podemos observar e expor, se estivermos dispostos. Para amar não é preciso ser psicótico e delirar aos quatro ventos. Tocar a alma da pessoa amada exige uma certa paz interior que a paixão obsessiva não traz. Pelo contrário, o amor se torna uma coisa torpe diante da excitação descontrolada por possuir. Eu chamo isso de ignorância emocional.

Na *paixão harmoniosa* não há desvelos ou angústias patológicas. Você sente as coisas profundamente, mas não se descompõe e continua centrado em seu próprio eu, administrando seu comportamento, atento aos detalhes e conectado com o mundo. O sentimento o move, mas não o faz andar em círculos. Não se perde a cabeça por causa do amor do parceiro ou da parceira. Não se perde nada, pelo contrário, ganha-se alegria e tranquilidade. Ah, isso não é emocionante? Um erro crasso. Aqueles que viveram e vivem uma relação apaixonada e harmoniosa não a trocam por nada nesse mundo, porque conseguem mesclar razão e emoção em quantidades saudáveis. Aqui o amor não tira você do sério, e sim o mantém alerta e consciente de seu estado interior. Ele o desperta.

 Porém, se você for um daqueles que precisam sentir taquicardia e um suor frio escorrendo pelas costas para dizer que estão apaixonados, é melhor alugar um filme de terror. Talvez o que você precise não seja amar, mas se excitar ao extremo, estremecer e se impressionar com algo ou alguém. Amar não é entrar numa espécie de choque nervoso. Acredite: é mais saudável uma relação equilibrada, de intensidade moderada e sustentada ao longo do tempo, do que uma relação enlouquecida e ultrapassional, que funcione como uma supernova.

 Vamos recapitular a proposta: um amor que apaixona, mas não transtorna. "Amo você com paixão, mas sem loucura e sem patologia." Não é suficiente? Então você está mal, sofre de um vício afetivo ou quer se drogar com o amor. "Quero que ele morra de amor por mim", me dizia uma paciente. Não queria apenas ser amada, também queria que o homem adoecesse de amor para levá-lo até a emergência de algum hospital. Respondi a ela: "Para que você quer um parceiro meio morto ou meio estúpido?".

Você realmente espera ver o parceiro ou parceira que te ama nas últimas, agonizante, esgotado de amor por você e esmagado por um sentimento incontrolável? Porque, se é isso que você deseja, além de ser egoísta e insensível, você precisa de ajuda (talvez até sofra de uma curiosa forma de amor sádico oculto). Grave isso: o obsessivo não ama, ele sofre e faz sofrer.

Tema 8
O império dos sentidos: "Você ocupa todo meu ser e minha mente"

O amor descontrolado esmaga quem o sofre, submete-o e o impede de processar corretamente as informações. A sensação é a de uma invasão dos sentidos ou de uma possessão, às vezes maravilhosa e às vezes similar a um filme de terror. Lembro, quando era adolescente, de ter dito a uma namorada pela qual sentia um amor obsessivo: "Você ocupa todo o meu ser", e era verdade. Literalmente, não restava em mim nenhum espaço livre, todas minhas capacidades e energias giravam em torno dela, estavam a seu serviço. Eu não estava apenas absorvido pelo sentimento, mas minha percepção se exaltava e magnificava seus atributos: eu a via mais bonita, mais inteligente e mais encantadora do que realmente era. Uma espécie de fascinação tinha se apoderado de mim e meu cérebro respondia a ela ceifando tudo à sua frente.

Vejamos três alterações típicas produzidas pelo *efeito de distorção* dos sentidos ocasionado pelo amor obsessivo.

Olfato exacerbado

A pessoa amada contagia tudo com seu aroma, como se fosse uma flor ou um perfume cuja fragrância impregnasse tudo aquilo que estiver por perto. A invasão olfativa amorosa faz com que suas vítimas afirmem, sem o menor pudor: "Para mim, tudo tem o seu cheiro". Uma mulher, tomada pelo desespero, dizia: "Terminei a relação há dois meses, mas a casa toda ainda tem o cheiro dele: a roupa, os móveis, a comida, até o sabonete. Mesmo que eu os lave, os lençóis continuam a ter o cheiro dele... Como me livrar dele?". O perfume estava em sua cabeça. Seu ex habitava o tálamo, a região do cérebro encarregada de processar o paladar e o olfato. Pode-se imaginar um odor? Sem dúvida. O fenômeno é conhecido como *ilusão olfativa*, um erro a que somos induzidos pelo bulbo olfatório: sentir o que já não está ali. É um delírio que entra pelas fossas nasais. Parece estranho, mas é assim: "Meu nariz sente sua falta". Podemos, ainda, estabelecer cadeias de odores, quando um aroma me leva a outro, e assim associamos tudo até que se configure um processo de identificação existencial: "A vida tem o seu cheiro". Quando perguntei à mulher a que cheirava "a ausência" de seu ex depois de dois meses, ela se embrenhou numa descrição de meia hora: "Cheira a musgo de bosque, a madeira seca e a fumaça. Cheira a árvores". Como uma degustadora especializada no homem que ainda amava, ela não podia soltá-lo.

Nós não somente abraçamos a pessoa amada, não somente a beijamos e acariciamos, também a degustamos e a aspiramos. Nunca aconteceu a você de não querer estar outra vez com alguém porque a emanação ou o humor natural de sua pele o perturbam? Há algo muito primitivo aí, muito selvagem e especial. Pois, quando o desejo ou o amor enlouquecem, o "fator odor" se multiplica: você não vai apenas fazer amor com seu parceiro, você o inalará.

Visão exacerbada

Ilusão de ótica afetiva: "Você é a luz da minha vida". Uma mulher jovem me garantia: "Ele é como um farol, ilumina tudo, dá intensidade às coisas mais simples, é minha luz". Amor que ofusca, que cega. Em casos como esses, talvez se deva usar óculos de sol ou aqueles que se vendem para ver os eclipses.

Um amigo escreveu o seguinte para uma mulher com quem estava saindo havia quatro meses: "Seus olhos são duas estrelas que iluminam meu sendeiro. / Seus olhos se fecharam, me estrepei contra um pinheiro". Ela não entendeu que se tratava de uma brincadeira, e, ofendida, nunca mais quis sair com ele. O motivo que deu a ele foi que seus olhos deviam ter lhe inspirado coisas melhores. Talvez, se ele tivesse recorrido ao poeta italiano Giuseppe Ungaretti, que escreveu "seus olhos são mais lindos do que duas manhãs juntas", isso teria soado melhor do que o "me estrepei" e o "pinheiro" de meu amigo.

Seja como for, essa "iluminação" amorosa crescente e deslumbrante se amplifica no amor obsessivo, como se o amado ou a amada se transformasse em um pequeno sol. Daí a frase comum "você é um sol", e, quando o amor é demasiado, "um sol de verão". Essa idealização visual encontra-se em grande parte dos poemas de amor, na música romântica e numa infinidade de outras manifestações.

Eis aqui uma frase assustadora que ouvi de um jovem adolescente apaixonado além da conta por uma bela garota: "Me sinto amarrado aos seus olhos, como um amor de cão-guia, porque preciso de você para andar pela vida. Como sobreviver à escuridão de sua ausência?". Não estou exagerando. Ela se limitava a piscar, como se estivesse gerando um pouco de sombra às suas "duas manhãs juntas". Será que realmente precisamos de tanta veemência para ficar com alguém? Tanta sublimação? Às vezes uma dose de antirromantismo é uma coisa boa, já que faz a relação aterrissar e a coloca em seu lugar. Tente escrever este esboço de poema para seu parceiro ou parceira, como uma brincadeira, claro, para ver o que ele/ela dirá ou fará: "Esta noite eu poderia escrever os versos mais tristes pensando em você, mas acabou a luz".

Memória exacerbada

A informação sequestrada pelo sentimento desmedido do amor: "Tudo me faz lembrar de você". E aqui não há limites. A memória de longo prazo é bioquímica em sua estrutura e quase infinita em sua capacidade de armazenamento e recuperação de dados. Quando a emoção se instala nos processos de recordação, atrai tudo o que se relaciona com ela. Este fenômeno é conhecido como "aprendizagem dependente do estado [emocional]": o que for compatível com a emoção armazenada será processado e assimilado mais rapidamente. Quando alguém de quem você gosta se instaura em sua memória, é muito difícil arrancá-lo dali. Uma paciente, depois de abandonar um homem que a maltratava, me disse um dia: "Bem, já o deixei, mas não o esqueço. O que faço?". A resposta não é muito alentadora: não é possível criar uma "amnésia afetiva", a não ser que você seja golpeado na cabeça, e numa zona muito precisa. O que se pretende, em termos terapêuticos, é recordar sem ódio, sem rancores e sem ansiedade. Uma lembrança asséptica, que é possível obter mediante uma terapia ou um luto muito bem elaborado. Ou seja: a aceitação profunda e sincera de que a relação acabou e que se deve assumir um novo papel na vida.

O amor obsessivo não respeita nada nem ninguém, e menos ainda a memória. Seu efeito é devastador, porque os menores detalhes serão ativados, os mesmos que, numa situação de amor moderado, passariam inadvertidos: uma paisagem, um cartaz, uma rua, um arbusto, uma cor, qualquer coisa pode ser associada ao objeto amado e guardada na memória se o desejo estiver fora de controle: "Tudo me faz lembrar de você", literalmente. Como evitar isso, se o cérebro está fazendo uma infinidade de associações que antes não fazia, a uma velocidade espantosa, e armazenando-as (Dropbox afetivo) num lugar específico, com nome e sobrenome?

Uma das coisas mais importantes num processo de luto é manter a nostalgia sob controle e lembrar tanto das coisas boas quanto das ruins, para que o processo de recuperação da informação se equilibre e nem tudo seja "cor-de-rosa" ou "assustador". Muitas pessoas presas à sua memória amorosa sentem-se possuídas pelas lembranças e custam a fazer contato com a realidade. Uma terapia cognitivo-comportamental pode ser a melhor solução para ajudá-las a não distorcer os fatos e a adotar uma atitude menos enraizada no passado.

Tema 9
Erotismo superlativo: quando o amor se instala da cintura para baixo

É possível se apaixonar por uns bíceps, uns glúteos, uma fíbula ou uma tíbia? Tudo leva a crer que não, que o amor exige algo além do puramente físico e da química (não só o corpo é importante, mas quem o "carrega" e de que modo o faz). No entanto, toda regra tem exceção, e acontece que às vezes o amor se instala da cintura para baixo e se enreda de tal forma com Eros que é impossível separá-los. A mistura é explosiva: "sexo sentimental" e "sentimento sexual". O amor passional embutido nos genitais é impossível de administrar e não nos deixa pensar racionalmente. Esse encaixe se sustenta em milhares de anos de evolução, agarrado ao lado mais animal de nosso corpo: força bruta, instinto e pulsão misturados. Aceitemos que, num casal, um amor sem sexo é incompleto, fraternal ou parental, mas um amor passional fora de órbita, em que a sexualidade comande tudo, também o é. Um amor desequilibrado é frágil, e para mantê-lo equilibrado são necessárias três variáveis que funcionem em uníssono: erotismo/desejo, amizade/companheirismo e carinho/respeito. Um amor completo conserva os três elementos juntos e ativos, mesmo que não estejam numa mesma proporção. Cada casal irá definir sua ênfase, sua preferência. Um amor que seja apenas amizade, apenas ternura ou apenas sexo está fragmentado e é realmente vulnerável a qualquer problema. Portanto, a frase *amor = sexo* não é verdadeira, ao menos a princípio.

Certo dia um paciente me visitou porque tinha uma amante há um ano e não sabia se devia ou não se separar de sua esposa. Na verdade, queria se separar e não era capaz ou não sabia como fazê-lo. Em vários encontros, repassamos sua história, analisamos as vantagens e desvantagens, estudamos a fundo seu casamento, os afetos mais recônditos e sua expectativa frente ao futuro. O medo de se equivocar o impedia de se decidir e ele flutuava de modo angustiante entre os extremos de deixar sua esposa ou de deixar a amante. Um dia eu lhe disse: "Me dê um motivo de peso, um só, pelo qual você deveria se separar". O homem, depois de pensar na resposta por alguns segundos, me disse: "Bem, vou lhe contar algo que nunca contei para ninguém... Ela provoca em mim algo inexplicável, e não é uma paixonite, não é algo que ocorra em minha mente nem em meu coração, mas em meu corpo. Não vá pensar que não a amo, eu a amo, e muito, mas, como estou lhe dizendo, tudo se concentra em meu corpo... A questão é essa: quando danço com ela, me acabo, ejaculo como um adolescente. Só de vê-la dançar e sentir como se mexe! Sinto meus testículos incharem, não consigo controlar, e, o que é pior, não acontece só uma vez, mas muitas vezes seguidas num mesmo baile... Nem lhe conto como são as coisas quando fazemos amor... É perfeito, é o nirvana".

O que eu podia dizer a ele? Qualquer argumento lhe entrava por um ouvido e saía pelo outro. Sua mente e seu coração estavam instalados da cintura para baixo e em mãos de uma mulher mais jovem que ele e disposta a fazer suas vontades sempre que quisesse. Suas células e sua fisiologia decidiam por ele de modo categórico. Amor bioquímico ou pura química? Diria que ambos. No fim das contas, acabou saindo de casa e começou uma nova vida com sua amante. Continuam juntos, aparentemente bem, depois de mais de três anos. Certo dia tive a oportunidade de falar com sua nova mulher e, movido pela curiosidade, perguntei a ela como se sentia numa relação tão erótica e sexualizada. Ela me respondeu o seguinte: "Adoro que ele me deseje tanto, mesmo sendo um ejaculador precoce, porque isso significa que eu o faço sentir tanto que não é capaz de se controlar; ele se desfaz em meus braços. Gosto disso, isso me excita e tenho meus orgasmos. Não sei o que aconteceria se a conexão sexual que temos chegasse a esfriar". É difícil definir o que poderia acontecer. Meu paciente era um caso singular por pelo menos três motivos. Em primeiro lugar, ouvimos muitas vezes o argumento de que o erotismo não é o essencial: pois, neste caso, era imprescindível e básico para a relação. Em segundo lugar, a velha e famosa frase *post coitum omne animal triste est* (depois do coito todo animal fica triste) não parecia se aplicar a ele: o homem era incansável. Na verdade, em seu caso teríamos de dizer o contrário: *post coitum omne animal felix est*. A culminação do orgasmo não produzia nele nem desencanto nem cansaço visíveis, mas o entusiasmo de continuar até uma "nova trepada". Em terceiro lugar, com seu comportamento, meu paciente contradizia a famosa frase de George Bernard Shaw, que afirma: "Há duas catástrofes na existência. A primeira é quando nossos desejos não são satisfeitos. A segunda, quando são". Mas, como já disse, o homem mantinha um desejo continuado, profundamente disposto e pronto para entrar em ação, o tempo todo e a toda hora. Um caso único e bem-sucedido de "ejaculação continuada".

Amor ou prisão?

Tema 10
Apaixonados pelo amor: "Você é minha droga preferida"

A realidade do apaixonamento

Se retirarmos sua aura de transcendência e o ligarmos à bioquímica, veremos que o apaixonamento é muito semelhante a algumas doenças mentais, como a mania, a hipomania, o transtorno obsessivo compulsivo, os transtornos de controle de impulso, a dependência química, entre outras. Em todas elas, um caldo biológico de substâncias ativa circuitos fisiológicos de recompensa e áreas cerebrais relacionadas com a motivação. A dopamina, a feniletilamina e a noradrenalina são três dos neurotransmissores responsáveis pela sensação de energia, euforia e persistência comportamental compartilhada tanto pelos apaixonados frenéticos quanto por alguns sujeitos que demonstram alterações psicológicas. Talvez chegue o momento em que o Dia do Amor e da Amizade ou o Dia dos Namorados passe a se chamar de "Dia da Dopamina", em homenagem a esse composto que produz tanto prazer e gratificação. E o mais interessante é que não precisamos comprá-lo, pois já o temos incorporado.

Que o apaixonamento funciona como uma droga intrínseca é algo cada dia mais aceito, na medida em que cria dependência (a sensação de que não somos capazes de viver sem ele, quando nos atinge), tolerância (nos sentimos insatisfeitos e queremos sempre mais) e abstinência (se a paixão acaba, o organismo se desorganiza e sofre profundamente). Mas a biologia é muito inteligente e não deixa que nos viciemos em demasia, já que o cérebro, depois de certo tempo, seria prejudicado devido à alta estimulação. Assim, o apaixonamento tem um tempo limitado, embora eu admita que, no caso de certos indivíduos, possa haver exceções. As pesquisas realizadas em diferentes culturas parecem coincidir num aspecto: sua fase ativa dura de 18 a 30 meses. Não é que passemos do êxtase à depressão, mas a loucura arrefece e se acomoda a uma realidade menos vertiginosa: a montanha-russa se endireita e diminui sua velocidade. Essa diminuição do ímpeto emocional nem sempre é bem encarada pelos usuários do amor, e, em muitos deles, descobrir que a "droga" já não está presente chega a causar uma profunda decepção. Saem, então, à procura de novas doses: são conhecidos como os *apaixonados pelo amor*, mas talvez fosse melhor chamá-los de *viciados no amor*, na paixão, nas sensações causadas pelo romance inflamado. Nestes casos, as diferentes conquistas são apenas uma desculpa, um meio de produzir os compostos químicos exigidos pelo organismo.

Uma mulher se lamentava: "Não quero que aquilo que eu sinto se acabe, eu era feliz com aquela sensação de falta de ar!". Tentei fazê-la ver que o amor por seu parceiro não tinha desaparecido, mas passado por uma mudança de modalidade. Ela o amava de outra maneira, mais tranquila e serena, mas o que ela queria era sentir o suor nas mãos e o coração batendo a mil. Confundia paixão com amor, mas não havia nada a fazer senão aceitar aquela queda de intensidade, já que não podemos provocar apaixonamento a nosso bel-prazer. Nos trabalhos do apaixonamento, o organismo faz o que bem entende, ou seria melhor dizer que a natureza trabalha de acordo com o que lhe parece melhor e mais conveniente para a sobrevivência da espécie. Como se dissesse: "A senhora já teve sua dose, o que deve fazer agora é construir uma relação afetiva utilizando também a cabeça. Caso contrário, por que acha que trabalhei milhões de anos no desenvolvimento da mente humana? Use-a!". Minha paciente não queria usá-la. Desagradava-a extremamente um amor pensado e menos efusivo. O que desejava era uma chuva de emoções, sentir borboletas no estômago e babar pelo outro como se sofresse de alguma lesão cerebral. Vivia como uma viciada, pulando de relação em relação, até que a paixão se extinguisse em cada vínculo. Costumava me dizer: "Tenho problemas com o amor, não encontro a pessoa adequada". E a verdade era que não entendia: havia idealizado *um estado bioquímico transitório* e, de modo infantil, esperava que esse estado febril de apaixonamento se eternizasse, junto a uma alma gêmea inexistente.

Poemas e canções: a propaganda do amor passional

Muitas pessoas são *amor-dependentes* e não sabem disso. No entanto, seu comportamento demonstra claramente que elas insistem em criar as situações geradoras do apaixonamento pelo qual anseiam: "Como não posso comprá-las, crio as circunstâncias para que se ativem". Certas ambientações ajudam Eros a fazer sua aparição. Os poetas e as canções populares contribuíram de maneira significativa para a ideia de um amor passional que detém e gera a felicidade absoluta. E o curioso é que a mensagem praticamente não se modificou, em seu conteúdo, ao longo da história. Vejamos dois exemplos de escritores clássicos e dois de grupos musicais modernos. Leiam-nos, por favor, para que possam ter uma ideia.

- O poeta e dramaturgo espanhol Lope de Vega escreveu, por volta de 1600:

> Desmaiar, atrever-se, estar furioso,
> áspero, terno, liberal, esquivo,
> alentado, mortal, defunto, vivo,
> leal, traidor, covarde e corajoso;
>
> não achar, fora do bem, centro e repouso;
> mostrar-se alegre, triste, humilde, altivo,
> chateado, valente, fugitivo,
> satisfeito, ofendido, receoso;
>
> apartar o rosto do claro desengano,
> beber veneno por licor suave,
> esquecer o proveito, amar o dano,
>
> achar que um céu num inferno cabe,
> dar a vida e a alma a um desengano;
> isto é amor. Quem provou, sabe.

Meu Deus! Isto sim é uma montanha-russa, com as conexões cerebrais em curto-circuito! "Quem provou, sabe." Sim, sabemos, acho que quase todos passamos por algo assim. Mas Lope de Vega, apesar de sua genialidade, confunde amor com paixão.

- Uns duzentos anos depois, o grande poeta britânico do romantismo, John Keats, implorava por clemência:

> Imploro tua clemência — piedade, amor! —, sim, amor,
> amor clemente que não atormenta,

Amor ou prisão?

amor constante, permanente, puro,
franco, visível, imaculado.
Deixa-me te ter inteiro, todo para mim!
Essa forma, essa beleza, essa doce intensidade
do amor, teu beijo, essas mãos, esses divinos olhos,
esse cálido, branco, brilhante peito de um milhão de prazeres...

Keats fora de controle. Não tenho a menor dúvida de que ele estava apaixonado ao escrever essas palavras. Não é possível imaginar algo assim se não se vive, se não se sente intensamente. E ele não apenas implora por piedade a sua amada e pede que o acolha, também sustenta que o amor é permanente e que decididamente o quer todo para ele. Ou seja, em termos psicológicos: o autor distorce a realidade e demonstra um sentido de possessão exacerbado. Não parece que estivesse em seu juízo perfeito, em termos afetivos, embora não haja nada mais respeitável do que seu talento poético.

• Voltando aos tempos atuais, o grupo mexicano Maná, numa de suas canções, cria um culto religioso à pessoa amada:

Ai, amor, tu és minha religião.
Tu és luz, és meu sol. [...]
Há tanto tempo, coração,
eu vivia na dor, no olvido.
Ai, amor, és minha bênção, minha religião,
és o sol que cura o frio.
Apareceste com tua luz,
não, não, não me abandones
não, nunca, meu amor,
glória de nós dois.
Tu és meu sol, és meu tudo.

E continua com a apologia a um suposto "contato imediato de terceiro grau" (ou talvez de um quarto grau, com abdução incluída): "És minha religião". Isso é mais do que adoração por alguém, é acreditar que Deus encarnou no outro. Êxtase místico e espiritual: o amado ou a amada são os profetas do amor, e quem canta esse amor é o abençoado.

- Por último, vou citar o grupo espanhol Amaral. Numa de suas canções ("Sem você não sou nada"), dizem:

> No mais certo e profundo da alma,
> sem você não sou nada.
> Os dias que passam,
> as luzes da aurora,
> minh'alma, meu corpo, minha voz, não servem de nada,
> porque eu sem você não sou nada.
> Sem você não sou nada,
> sem você não sou nada.

E assim insistem, até o final, em desvalorizar o próprio eu. Não há dúvida: sem o amor de sua apaixonada ou de seu apaixonado, o sujeito da canção não é nada. Também é provável que tenha um grave problema de identidade devido ao apaixonamento e pense que, em última instância, é o parceiro que o define como pessoa. Talvez esse sentido de fusão com o outro o faça pensar que sua existência, por si só, "não serve de nada". Milhares de pessoas cantam em coro esta canção; quando seus intérpretes a cantam, milhares de pessoas se veem descritas neste tipo de apaixonamento que dilui a essência do que se é na pessoa amada. Para que se produza tamanha despersonalização, é preciso um apaixonamento extremo, pródigo em dopamina e nas demais drogas fisiológicas.

Amor ou prisão?

É difícil encontrar alguma diferença substancial nos quatro casos citados, para além da qualidade e das formas adotadas por uma arte ou outra. A mesma vontade louca pelo ser amado, a mesma energia flutuante, a mesma embriaguez. O outro é exaltado ao extremo e o apaixonado ou a apaixonada está sempre em segundo plano, de onde suplica por amor, rebaixado e diluído numa emoção que acaba com todo resquício de amor-próprio. Que cansaço um amor assim! Que trabalho extenuante o de amar quando o apaixonamento nos esmaga e arrasta!

Como identificar o apaixonamento: características e funcionamento cognitivo

Do ponto de vista psicológico, o apaixonamento mostra uma série de características que vale a pena levar em consideração para poder detectá-lo e resistir a ele, caso necessário. E embora os afetados o reconheçam de imediato (o amor!), nunca é demais ter um ponto de referência mais cognitivo e racional para identificá-lo. Vou destacar os seis aspectos mais relevantes que o definem: idealização, apego/atração sexual, exclusividade radical, ilusão de permanência, pensamentos obsessivos e propensão a correr riscos irracionais.

Idealização. Consiste em elevar o amado ou a amada ao céu, amplificar suas virtudes e considerá-lo próximo à perfeição. Ao invés de gostar da pessoa como ela é e não como gostaríamos que fosse, nós a enaltecemos e, por amor, criamos uma ilusão. O escritor português Fernando Pessoa dizia: "Nunca amamos ninguém. Amamos tão somente a ideia que fazemos de alguém. É a um conceito nosso – em suma, é a nós mesmos – que amamos". Durante o apaixonamento, não aprendemos a essência do outro: nós a inventamos e a reverenciamos, em vez de amar. Desenvolvemos aquilo que, na psicologia, chamamos de "visão de túnel": só enxergamos o que é bom e descartamos ou justificamos os aspectos negativos e os defeitos. Em certo sentido, durante o apaixonamento aprendemos a amar uma mentira promovida pelo coração, que não é mais que uma das formas do autoengano. Passado o temporal, quando a droga interior enfraquece e nos encaixamos à realidade do outro, podemos olhar para ele sem preconceitos ou distorções, e nem sempre gostamos do que vemos. O realismo cru do segundo ou terceiro ano de relação, quando Eros se desinfla, nos incita a sair correndo. Uma mulher me dizia: "Seu belo sorriso de antes agora me parece bobalhão; seu cabelo tão brilhante agora me parece seboso, e seu caráter pacífico de antes, quase santo, hoje me entedia... Não sei o que vi nele". Ela viu o que as substâncias psicoativas da bioquímica afetiva a levaram a ver. A dopamina e os demais neurotransmissores embelezam o outro. Ela não estava em contato com o homem, mas com a imagem dele que seu cérebro havia criado.

Apego/atração sexual. "Não posso viver sem você": magnetismo dos mais arcaicos e profundos; sexo e dependência; canibalismo afetivo. Incapacidade de renunciar a estar com ele ou ela, não importa o motivo. Identificação radical e total: "Só quero estar junto de você, o resto não me importa". As consequências desse tipo de apego são imensas: a necessidade de permanecer com a pessoa amada é cada vez maior e impossível de administrar. Não interessa ser livre, mas ficar preso ao cordão umbilical do parceiro ou parceira e manter o controle da relação, para que não se acabe. Amar é possuir e se sentir possuído num todo indissolúvel, ou, dito de outra forma: "Você define minha existência". Por outro lado, a gana sexual é intensa e não parece arrefecer: o desejo pelo outro é insaciável. Neste contexto, é possível pensar de maneira ponderada ou amar nem que seja com um mínimo de racionalidade? Praticamente, não. Tudo é absorvido pelo apego, tudo é diluído por ele.

Exclusividade radical. Eu a chamo de "fidelidade biológica obrigatória". Durante o apaixonamento, não se é fiel por convicção, mas porque o cérebro não tem espaço para mais ninguém. Você não vai gostar de mais ninguém, nem sequer poderá reagir ao ver alguém atraente: você não vai processar isso. O sexo oposto (ou o próprio) deixa de existir, se anula por decreto. Insisto: não é um produto da vontade, simplesmente "não há lugar", ele está ocupado. Você já deve ter visto, alguma vez, um casal de apaixonados, e terá se dado conta de que os dois só têm olhos um para o outro. O interesse está capturado pela pessoa amada, é como se o resto do mundo tivesse sido borrado do mapa. "Que alegria! Só existo para você e você só existe para mim!": uma tautologia promovida pela loucura afetiva. Convivi com um casal que passava literalmente horas olhando-se nos olhos. Mal piscavam. Não sei o que pensavam nesses momentos, ou o que sentiam, mas agiam como se estivessem hipnotizados e felizes de estar em *full contact*. Nunca souberam me explicar o que lhes acontecia naqueles momentos. Eu atribuo isso a um ataque coletivo de apaixonamento.

Ilusão de permanência. "*Reloj, no marques las horas, haz esta noche perpetua.*" ["Relógio, não marque as horas, faça esta noite perpétua."] O que mais se pode dizer? O sonho de qualquer apaixonado: anular o tempo, e querer que o prazer de estar com a pessoa amada se mantenha pelos séculos dos séculos. Congelar o momento e poder ativá-lo à vontade, a eternidade tal como se desejava, na palma da mão. Não deixa de ser infantil achar que o amor será "para sempre", imortal e perpétuo, como um milagre ou um mistério insondável. A ilusão de permanência é uma distorção cognitiva, e, como tal, um erro de interpretação e de perspectiva. Conheço muitas pessoas que acreditam que o amor é um só e sempre está dirigido à mesma pessoa, nesta vida e nas outras, se existirem. Um homem de 73 anos me dizia, referindo-se a seu primeiro amor de adolescência: "Só se ama uma vez, e para mim isso aconteceu há quase cinquenta anos". Não nego a possibilidade de que existam pessoas que só se apaixonem uma vez na vida, mas a maioria de nós foi vítima do Cupido em mais de uma ocasião. Nossas cicatrizes são testemunhas disso. A premissa é contundente: o amor passa, se não cuidarmos dele. O apaixonamento passa, não importa o que façamos. A verdade é que o amor eterno é uma doce utopia. Não há uma lei universal de permanência afetiva. Os budistas têm razão quando dizem que a crença na duração eterna de algo ou de alguém é produto de uma ignorância básica, porque a realidade é impermanente, quer dizer, tudo se transforma, tudo muda e se acaba. Se não aceitarmos isso, cairemos indefectivelmente nas garras do apego.

Pensamentos obsessivos. O apaixonamento supõe uma ideia fixa do outro e de tudo o que tenha a ver com o parceiro ou parceira. Insistência, obstinação e perseverança a toda hora. Pensamentos invasivos e difíceis de erradicar. Um adolescente me garantia: "Pensar nela o tempo inteiro me mantém vivo". Não podia fazer outra coisa, nem estudar nem ficar calmamente com seus amigos. Pensamentos e imagens chegavam a ele em cascata. Além disso, sua mente estava cheia de perguntas: "O que ela estará fazendo agora?", "Será que está pensando em mim?", "O que será que comeu à noite?", "Como estará vestida hoje?", e assim por diante. Por outro lado, a namorada do adolescente afirmava: "Adoro que ele me ligue e pergunte coisas. Já me acostumei a isso, e, se ele não o faz, eu faço". Centenas de mensagens no celular, de lá para cá. As ideias obsessivas causadas pelo amor não apenas são difíceis de erradicar, os apaixonados também não querem eliminá-las. O sistema fica sobrecarregado, mas isso não os incomoda, embora seu quociente intelectual se reduza. Obnubiladas e extasiadas, as vítimas do apaixonamento criam seu próprio mundo e se fecham nele de modo obstinado.

Riscos irracionais. Apaixonamento e comportamento de risco andam juntos. Sob o efeito de Eros, fazemos as maiores besteiras e não medimos as consequências: "Eu faria qualquer coisa por seu amor". Até "morreria por você", canta Amaral. Uma paciente adolescente decidiu se contagiar com a AIDS de que seu namorado padecia, como um ato de "solidariedade". Em outros casos, também inexplicáveis, as pessoas se casam sob o efeito do apaixonamento e juram amor eterno, mesmo que a família e o mundo digam a elas que aquilo é um erro. Uma paciente se casou, contra tudo e contra todos, com um homem trinta anos mais velho, que já tinha casado quatro vezes antes e era pai de dez filhos. Ela o conhecera havia apenas quatro meses, e não se casou por dinheiro (o homem não tinha um centavo), mas por pura paixão. Ela não via nenhum obstáculo, e, quando eu tentava mostrá-los objetivamente, me respondia sempre a mesma coisa: "Meu amor pode tudo". Em menos de dois anos já estava separada e profundamente arrependida de sua decisão. O "amor de sua vida" acabou sendo um fiasco. Assim que a paixão se esfumou, o amor não conseguiu florescer. O otimismo triunfalista que acompanha o apaixonamento é muito perigoso, faz você confiar no amor e em você mesmo muito além da conta.

O cantor Raphael, na canção "Estar apaixonado", recria vários transtornos psicológicos e psiquiátricos em nome do amor. Cito alguns versos do refrão:

> Estar apaixonado é confundir a noite com o dia.
> Estar apaixonado é andar com asas pelo mundo. [...]
> Estar apaixonado é ignorar o tempo e sua medida.
> Estar apaixonado é contemplar a vida desde cima.
> Estar apaixonado é vislumbrar a menor estrela.
> Estar apaixonado é esquecer a morte e a tristeza.
> Estar apaixonado é ver o mar com árvores e rosas.
> Estar apaixonado é ouvir sua voz em outra boca. [...]
> Estar apaixonado é confundir o que é meu com o que é seu.

Então, se estar apaixonado é isso, temos de aceitar que em sua anatomia mais profunda existem delírios, alucinações, fuga de ideias, confusão e perda de contato com a realidade (ou seja: "psicose amorosa"). O curioso é que esta descrição musical coincide com o que muita gente profundamente apaixonada manifesta. Alguns dizem que ganham asas invisíveis, outros veem árvores e rosas no mar e não faltam aqueles que, com uma visão hipertrofiada, conseguem fazer contato com alguma estrela ainda não descoberta pelos astrônomos. Sob esta "maravilhosa" comoção interior, como não desenvolver um vício?

CAPÍTULO 3

AMAR SEM RENUNCIAR À PRÓPRIA IDENTIDADE: "NÃO EXISTO POR VOCÊ, MAS COM VOCÊ"

Sei bem pouco de mim; nem sequer sei a data de minha morte.

JORGE LUIS BORGES

Tema 11
O perigo do amor siamês: "Ser um só, embora sejamos dois"

Devorar o outro, absorvê-lo, fundi-lo ao nosso ser, átomo por átomo e órgão por órgão, como se fôssemos Hannibal Lecter em *O silêncio dos inocentes*. O amante totalmente incorporado a nós, deglutido até que não sobre nenhum rastro da pessoa de antes. A maior aspiração de uma infinidade de apaixonados é obter uma mescla híbrida e estranha com a pessoa amada: "Ser um só, embora sejamos dois". Essa é a meta, a fusão essencial: uma só alma, uma só mente e, se possível, um só corpo. E como conseguir isso? Alguns otimistas dizem que é fazendo amor. Seja por alguns segundos ou por alguns minutos, o clímax sexual nos leva à paradoxal sensação de dissolução e integração com o corpo e a mente dos outros. Parece que um orgasmo compartilhado é a confirmação de que há algo especial e transcendente que vincula aquelas duas pessoas para além do humano.

"O universo se alegra e se realiza quando estamos juntos", sussurrava uma mulher para seu marido em meu consultório. O homem não entendia muito bem o que ela queria dizer, mas, de qualquer forma, concordava. A crença de que o amor de casal contribui para a existência do cosmos sempre me causou uma certa preocupação. Na verdade, se o universo chegasse a se realizar devido ao amor que sinto por alguém, eu não gostaria de assumir essa responsabilidade. Que fardo! Não gostaria de imaginar um colapso cósmico quando me cansar da relação ou quando a coisa já não funcionar! Por que não nos conformamos com coisas mais simples e modestas? "Eu te amo, tu me amas, nós nos amamos" e pronto. Bela conclusão! E chega. Viver o amor sem procurar a unidade fundamental nem a pedra filosofal. O amor não é alquimia, é química levada à mente, química fundamentada. Não basta que estejamos de acordo com isto que se chama amor? Por que sofrer uma espécie de síndrome de Estocolmo amorosa e se identificar com o sequestrador ou com algum criador extraterrestre? Para que fingir ser um só com o outro? Não basta que, sendo dois, estejamos vinculados, acolhidos ou atrelados pelo sexo, a amizade e o carinho? Se você for capaz de transformar a seguinte afirmação em pensamento, tome-a para si e comente-a com sua parceira ou seu parceiro, para ver o que ela/ele dirá ou fará: "Eu não sou você, e você não é eu. Que maravilha estarmos juntos sendo diferentes! Isso torna tudo encantador e ainda deixa espaço para a surpresa. Não quero que sejamos farinha do mesmo saco. Seria sufocante saber tudo o que você pensa e me antecipar a você a cada instante". Se seu parceiro ou parceira aceitar isso e não se escandalizar, você está indo bem.

    Parecidos, mas não idênticos. Não preciso ler sua mente nem que estejamos sincronizados até a última pulsação para sentir que tenho uma boa relação. Pelo contrário, se fosse assim a monotonia acabaria nos matando. Nem você é uma prolongação do meu ser (como um apêndice) nem eu sou uma prolongação do seu. Um homem dizia para sua mulher, num arroubo afetivo: "Você é parte de mim". Como assim? A que ele estava se referindo? Uma parte espiritual, mental ou física? A consequência de tal afirmação, de qualquer maneira, não é muito lisonjeira: se você é parte de mim, quando não estiver aqui vai me faltar um pedaço de meu ser. Parte de minha pessoa irá com você e eu ficarei inconcluso e indefinido (ou com uma identidade incompleta). Mas a coisa não termina aí: se eu também sou parte de você, a ausência vai mutilar a nós dois, porque eu também levaria uma parte sua. Será que aquilo de que se sente falta numa separação, mesmo que isso dure somente uns poucos dias, é a parte de nós que o outro leva? Nesse caso eu não estaria sentindo falta da pessoa que se foi, mas da porção de meu ser que me pertence! Puro egoísmo e sobrevivência básica amorosa: devolva o que é meu!

Felizmente, ninguém é parte de ninguém. A conexão amorosa é um toque, uma carícia das essências que flertam entre si e mergulham por momentos uma na outra. Não é preciso mutilar o amado ou a amada para que exista um bom amor. Se você quer ser um só com a pessoa que ama, você está mal encaminhado. Tal fusão não existe, o que existe é uma aproximação básica, uma sintonia vital que o leva, entre outras coisas, a não ter que explicar as piadas e a fazer com que você fique indignado com coisas muito parecidas com as que deixam sua parceira indignada. Alguma semelhança: não é preciso mais do que isso. Parecidos: juntos construindo o caminho que vamos transitando. Não há nada escrito, é você que escreve.

Tema 12
Em defesa do eu: a essência não se negocia, nem por amor

Você ama o que o outro é, ou não ama nada

A independência emocional coerente nos leva a respeitar o próximo (não faça à outra pessoa o que você não quer que façam com você) e a propor uma relação autêntica baseada em quem somos: *os que sabem amar, amam o que o outro realmente é, com toda a complexidade que carregam, sem forçar nem pretender mudar a essência básica da pessoa amada*. Se você não ama o que o outro é, então você não ama, ou ama mal (ou é possível que esteja com a pessoa equivocada). Não digo que não se possa fazer acordos e modificar condutas específicas para que a relação funcione melhor; o que sustento é que o eu, o núcleo duro que define você, não é negociável.

Durante a consulta, uma jovem dizia para seu futuro esposo: "Eu te amo com todo meu coração, mas gostaria que você fosse mais trabalhador, mais extrovertido e menos conformista... Não sei, mais ativo. Às vezes te acho tão tímido! Gostaria que você fosse um bom esportista e que tivesse mais amigos... Que se soltasse e falasse mais". Realmente, a mulher não estava pedindo uma mudança, mas uma mutação. Nenhum dos dois se dava conta disso, mas ela exigia uma transformação radical da personalidade do homem que dizia amar, uma virada em sua estrutura mental e emocional. Minha pergunta posterior à mulher provocou um longo silêncio em ambos: "Será que você não ama um homem idealizado e não o homem real, que está aí, na sua frente? Sua insatisfação faz pensar que ele não corresponde às suas expectativas afetivas". De sua parte, o homem insistia que estava disposto a mudar no que fosse preciso, para não a perder. No fim das contas, ela deu a ele uma oportunidade de "remodelação psicológica" e durante alguns meses o homem tentou, com todas as suas forças, parecer-se ao ideal de sua amada. No entanto, não conseguiu: sempre ficava faltando algo que se ajustasse ao padrão que ela havia estabelecido. Numa sessão, ele me disse: "Me sinto frustrado e estou perdendo a autoestima, tento, mas não está dando certo. Estou cansado". E então ele a deixou. Depois de um tempo, ela quis tentar de novo, mas o jovem introvertido estava com uma linda e terna mulher igualmente introvertida, feliz por poder compartilhar silêncios, sem queixas ou reclamações. A autonomia emocional permite que você "seja como é" e deixa que o outro "seja como é", por isso é tão poderosa e cria vínculos tão sólidos quando se cumpre cabalmente.

Ser igual a si mesmo

Em muitos casos, um "eu" fraco se desorganiza muito facilmente diante de uma experiência afetiva negativa e termina se mimetizando com a pessoa amada. Essas pessoas assumem o casal de tal maneira que tentam se tornar idênticos e equiparáveis um ao outro, uma réplica afetiva e psicológica, nada saudável. Segundo o *Diccionario esencial de la lengua española*, a palavra *identidade* significa "consciência que uma pessoa tem de ser ela mesma e diferente das demais". Na dependência emocional, parte desta consciência se altera e deixamos de reconhecer que somos diferentes do outro. O amor funde e confunde, se lhe dermos livre curso.

Conheço pessoas apaixonadas, de personalidade não muito forte, que acabam sendo uma triste imitação de seu parceiro/parceira: os mesmos gestos, as mesmas piadas e os mesmos clichês. Não estou falando de se parecer com o outro em questões que surgem por "contato", já que o fato de estarmos juntos com alguém nos faz "pegar" coisas do outro (como acontece com o sotaque, quando se vive num país estrangeiro), mas de mudar radicalmente de personalidade, de valores, de ideologia ou de religião. Uma conversão por amor. O que se modifica é o "eu psicológico/afetivo", entendido como um acúmulo de informação autorreferencial que faz com que possamos nos reconhecer no mais íntimo de nós e nos diferenciarmos dos demais. Esta capacidade de conceber ou de definir a si mesmo de maneira inteligente garante a saúde mental e a sobrevivência psicológica, e por isso é surpreendente que algumas pessoas percam sua identidade e nem o percebam. Sua visão de mundo acaba sendo a de seu parceiro/parceira. Como alertar um amigo ou uma amiga sobre o fato de que ele ou ela está perdendo seu modo de ser desde que está com tal pessoa? Poderíamos alertar essa pessoa dizendo: "Você se deu conta de que está ficando cada dia mais parecido com seu parceiro/parceira na maneira de sentir e de ver as coisas? Já não resta nem uma sombra daquilo que você era", mas é provável que a pessoa se ofenda e não volte a lhe dirigir a palavra depois de você dizer uma coisa dessas. Aqueles que abriram mão de sua identidade por amor preferem o autoengano à verdade.

    Insisto: é normal compartilhar informações e hábitos, mas a essência, aquilo que determina você como ser humano, não deveria se modificar por amor, nem por nada mais. Uma paciente me dizia: "Desde que estou com ele sou outra. Troquei as roupas estúpidas e esnobes que usava e comecei a estudar administração de empresas... Sou mais madura e menos superficial". Eu a conhecera pouco tempo antes como uma mulher encantadora, jovial e extrovertida, com uma grande energia criativa dirigida ao cinema e ao teatro, mas, aparentemente, seu esposo, um importante homem de negócios, um pouco mais velho do que ela, a tinha influenciado e a tinha feito mudar até mesmo de penteado. Já não era ela mesma, embora seu olhar, nos momentos em que se emocionava com algum assunto, continuasse a mostrar aquela força vital de antes. Seu eu tinha se transfigurado, ou talvez tivéssemos que dizer "desfigurado". Depois de um ano e meio, o casamento deixou de funcionar e os dois se separaram. Quase imediatamente ela recuperou seu *look* original e foi a Praga para estudar cinema.

Defenda sua identidade. Ame apaixonadamente, mas não abra mão de sua soberania. Aprenda o que tiver que aprender de seu parceiro/parceira, pegue aquilo que é bom e transforme-o em seu, mas seus códigos mais profundos, sua história, seus pensamentos mais arraigados, as coisas que fazem você ser você, não as entregue nem se esqueça delas. Tenha presente o seguinte: se seu parceiro/parceira exigir de você mudanças extremas para o "aceitar", não perca seu tempo: ele/ela não te ama.

Tema 13

Contra a indeterminação emocional: "Eu não seria nada sem você"

Você não precisa que ninguém o defina

"O que seria de mim sem você?", perguntam-se os apaixonados, diante da possibilidade de perder sua metade da laranja, o que é o mesmo que dizer: "Eu *sou* (existo) por você, porque sem você sou insuficiente, muito pouco ou nada". Como no mito platônico de Aristófanes (que afirma que originalmente éramos duas pessoas grudadas até que um deus malévolo nos partiu ao meio e nos fez andar separados), muitos "amantes do amor" procuram aquela metade perdida em meio à multidão, para que ela se encaixe perfeitamente com seu ser. O que procuram é um *clic* ancestral ou uma conexão quase quântica que lhes permita encontrar seu "outro eu" original. É o sonho do romantismo da nova era: encontrar sua alma gêmea. Você já deve ter ouvido aquela frase lapidar: "Você é a mulher (ou o homem) da minha vida", ou seja, minha fração ou minha porção extraviada.

Uma jovem, estimulada por este tipo de pensamento mágico, dizia para seu namorado: "Afinal te encontrei, depois de milhares de anos!". Perguntei a ela quando e onde ela achava que tinham estado juntos, e ela me respondeu sem titubear: "Nas Cruzadas... Ele era um cavaleiro e eu era uma camponesa". Perguntei como tinha obtido essa informação e ela me disse que foi graças a um mapa astral. O jovem não estava muito convencido da coisa toda, mas entrou no jogo por medo de perdê-la ou de decepcioná-la. O difícil para mim, sendo um terapeuta cético, foi administrar os problemas de casal que os dois tinham "neste século" sem recorrer aos "eventos" ocorridos durante as Cruzadas. A ideia do amor épico rondava a cabeça da mulher e foram necessárias muitas sessões para que ela assumisse seu atual papel de estudante universitária em vez de se sentir e agir como uma serva da gleba. Há um passo muito pequeno a ser dado entre o amor romântico extremo e o delírio, e quando o damos nem sempre estamos conscientes disso.

Você acha mesmo que existe alguém feito sob medida esperando por você? Acha realmente que essa pessoa vai conseguir integrar suas partes fragmentadas e dar à sua vida o sentido espiritual que você precisa? Sinto decepcioná-lo, mas a única pessoa que pode validar sua identidade é você mesmo. Você é o único que pode dizer quem você é, o que quer e para onde vai. O vínculo que você tem consigo mesmo é inegável e intransferível. Ou você o assume ou vai se submeter.

"Você me define", diz o apaixonado para sua mulher, que se regozija e faz uma cara de autorrealização consumada. Mas, se ela realmente o define, então ele não é mais do que uma cópia, um retrato falado. Esperar que o outro o defina não implica apenas uma carência absoluta de personalidade, mas uma dependência doentia. Se você não é capaz de estabelecer uma imagem coerente e consistente de si mesmo, por sua conta e risco, é como se não tivesse processado sua história pessoal e fosse um pária. Ser "indefinido" não é uma virtude em processo, mas um defeito ou um transtorno. No dia em que, já adulto, você precisar de um agente externo ou de uma pessoa

Amor ou prisão?

que sirva de modelo para definir quem você é, é porque terá perdido o rumo e o controle de sua vida.

Autonomia e autodeterminação afetiva

Para a psicologia, a autodeterminação é vital para o bem-estar pessoal, e pode ser definida como a integração e a implementação de três necessidades psicológicas básicas: *a vinculação* (estabelecer relações interpessoais satisfatórias, assertivas e dignas), *a competência* (sentir-se capaz de levar adiante, de maneira bem-sucedida, as aspirações e metas individuais) e *a autonomia* (governar a si mesmo). A palavra *autonomia* vem do grego *autós* (próprio) e *nómos* (lei), e você devia gravar este significado em sua mente para que o amor não tire de você nem um milímetro dela. Autonomia significa *a capacidade de se nortear pelas leis ditadas pela própria consciência*. Ou seja: emancipação e independência emocional.

Como ser autônomo se preciso que outra pessoa me dê autorização para funcionar, ou uma bênção para existir dignamente, mesmo que seja por amor? Embora você possa mudar e melhorar seu comportamento, você é como é e não deve pedir desculpas por isso. Tire de sua cabeça frases como "sem você não sou nada". Por favor! Você é o derradeiro juiz de sua própria conduta, você é único e irrepetível, essa é sua identidade, a continuidade de seus sonhos, suas metas, seus projetos, seus sentimentos, suas crenças, seu modo de pensar e de ver o mundo. E para nada disso você precisa de um guru afetivo, nem de um parceiro/parceira que mostre o caminho e indique para onde deve ir. Você é quem faz a si mesmo, como dizia Jean-Paul Sartre. Existencialismo afetivo: "Existo e por isso te amo", e não o contrário, "Te amo, logo existo". Seu parceiro/parceira não é seu *coach* pessoal.

Ser autônomo no amor implica, pelo menos, três coisas:

- Ser capaz de resistir às pressões sociais ou pessoais, mesmo as que nascem em nome do amor.
- Regular a própria conduta a partir de dentro, e não por agentes externos, incluído aí o amor.
- Autoavaliar-se segundo critérios próprios, mesmo que o sentimento amoroso nos sugira outras premissas.

Aplique a si mesmo essas três premissas e sua identidade estará protegida.

Tema 14
"Participo de você ou pertenço a você?"

Descentrar-se sem perder o centro

Retomemos agora o tema da indeterminação emocional ("Eu não seria nada sem você") e a vontade sempre ativa dos apaixonados de se fundirem com o outro, e tentemos mostrar outra visão sobre o mesmo tema, separando duas afirmações que podem parecer similares, mas não o são: *participar de quem amo e pertencer a quem amo*.

Participar: comungar, combinar, colaborar, contribuir, cooperar, ajudar, mas sem deixarmos de ser nós mesmos, mantendo a singularidade que nos caracteriza. Trabalhar a quatro mãos e construir juntos. Sócios, camaradas, cúmplices, companheiros, de igual para igual. Ninguém engole ninguém. Democracia do amor que se dá entre quem não cede indiscriminadamente seus direitos e os defende. Amor solidário e recíproco: participo de sua existência e você, da minha. Que felicidade! Que sorte! Estar juntos nisso que chamamos de amor e nisso que é a vida. Viver a dois. Quando há um amor bom, tudo fica mais leve, mais divertido, menos doloroso. Sindicalizados na arte de amar, ombro a ombro e coração a coração. Faço você partícipe de minha existência e espero que você me faça partícipe da sua. Convidar o outro a imaginar, juntos, um microcosmos para os dois, feito sob medida: existirá um convite melhor e uma alegria maior, se formos correspondidos? Horizontais: sem autoritarismos ou deferências. Dois "eus" que se insinuam e flertam descaradamente. Ética do amor que às vezes nos surpreende: dar e receber sem contabilizar, porque existe confiança e tranquilidade de alma. A máxima é: "Participo de sua existência e fico maravilhado, sem me sujeitar e mantendo o equilíbrio vital de quem consegue não se aproveitar das fraquezas do outro nem exigir demais dele". Companheiros, amigos com prerrogativas: um casal.

Pertencer: submeter-se, sujeitar-se, obedecer, subordinar-se. Por acaso você é dona de mim ou eu sou seu dono? Tomar posse: o *todo* que aprisiona a *parte*. Você pertence a algo quando esse algo (ou alguém) o incorporou, de modo real ou simbólico, e você passa a ser um elemento que o constitui. Ao pertencer, você deixa de ser você para ser outra coisa. Portanto, pertencer a você é consentir que você se aproprie de mim, que você me *adquira*. Uma ocupação amorosa, mas, no fim das contas, uma ocupação: "Você é minha!", "Você é meu!", "Você é parte de mim!" ou "Sou parte de você!", gritam, felizes, os apaixonados. Porém, se você pertence à pessoa amada, já não terá individualidade. Isso não significa que seja impossível amar com toda a força de que você dispuser e continuar sendo você mesmo. O importante é fazer isso de maneira tal que não terminemos sendo uma subsidiária ou uma sucursal emocional do outro, sem trair a identidade que nos define.

Participar de seu parceiro/parceira em vez de pertencer a ele/ela implica *descentrar-se sem perder o centro*. Ir em direção à pessoa amada como uma flecha (brincar, cooperar, acompanhar, compartilhar) e depois voltar a você mesmo enriquecido pela experiência de contato, em vez de deitar raízes no outro lado. O amor participativo, de acordo com Aristóteles, é um amor distribuído de modo justo. Não fico enredado em sua mente ou em seu coração: regresso a mim mesmo, volto a meu ser com a experiência vital de ter estado com você. Você faz o mesmo, vai e regressa, e nesse ir e vir nos encontramos. Esse é o *amor de participação*: coincidências e travessias amorosas. Que alegria transitar pela mesma estrada! Descentrar-se sem perder o centro: comunicação ativa estando consciente de si mesmo. Você é capaz de amar assim? Sem delírios de unificação radical, sem reverências, assertivamente? A conclusão é linha-dura: "Amo você, mas não vou deixar que esse amor me consuma nem me aprisione a ponto de me fazer perder meu ponto de referência interior". Participo de você, mas não pertenço a você.

"Não me aprove, me aceite"

Escreva essa declaração e a melhore, se desejar, agregando a ela suas próprias opiniões. Deixe-a registrada e desfrute dela cada vez que a ler ou a der de presente para alguém:

> Quero que você me aceite, e não que me aprove. *Aceitar-me* refere-se ao fato de que você não pode fazer nada para mudar minha essência ou exigir que eu me adapte totalmente aos seus gostos e expectativas. Não há outro remédio: ou você me aceita como sou e seguimos juntos ou não me aceita como sou e sigo sozinho. *Aprovar-me*, ao contrário, implica um juízo de valor. É um "sim" de que não gosto. Por que você deveria me aprovar ou desaprovar como pessoa? Esperar que você me aprove moral ou eticamente para ficar comigo não combina com meus princípios. É que não quero participar de nenhuma sociedade em que eu seja um sócio minoritário. Isso não me interessa. Não quero ser "aprovado" para ser amado. Veja bem, isso é o que sou. Se me submetesse à sua complacência, eu

seria menos que você como pessoa, eu daria a você o direito de me avaliar, e isso não vai acontecer. Ame-me sem exames de admissão, estabeleça seus limites e me fale deles, vou procurar uma maneira de não os ultrapassar. E, se não for capaz de fazer isso, vou me afastar imediatamente, sem qualquer angústia ou incômodo. Amar é não julgar.

CAPÍTULO 4

AMAR SEM MEDO DE PERDER: "NÃO AMBICIONO UMA ETERNIDADE JUNTOS, MAS A PLENITUDE DO AGORA"

O amor espanta o medo e, reciprocamente, o medo espanta o amor. E não é só o amor que o medo afasta; também a inteligência, a bondade, todo pensamento de beleza e verdade, e resta apenas o desespero mudo; e, no fim, o medo chega a afastar do homem a própria humanidade.

Aldous Huxley

TEMA 15
O AMOR LIVRE É PARA OS CORAJOSOS

Quando o sexo escapa de nosso controle

Uma coisa é ser corajoso e outra é ser um destemido irresponsável. Às vezes superestimamos nossas capacidades e nossas forças e nos enfiamos na boca do lobo, calculamos mal. Isso aconteceu com um de meus pacientes quando decidiu fazer um jogo erótico com sua mulher e um casal amigo. As carícias e os toques interpessoais começaram numa *jacuzzi* e, depois de algum tempo, sob efeito do álcool, todos estavam fazendo amor com todos. De início a experiência se mostrou muito excitante, até que a esposa de meu paciente decidiu expressar em voz alta o que sentia: "Gosto disso, adoro isso!", "Já gozei duas vezes!", "Meu Deus!", "Continua, continua, não para!", e coisas do tipo, abertamente, sem disfarce. Enquanto isso ocorria, o marido se limitou a observar, assustado, tudo que sua mulher fazia e dizia, estando ela totalmente fora de controle. Numa consulta, ele me disse: "Uma vez já tínhamos tido uma experiência *swinger*, mas a coisa toda foi muito mais recatada e discreta. Ela não se mostrou tão feliz como desta vez, e, além disso, neste caso, devo reconhecer que o outro era mais bem-dotado do que eu, e isso me tira o sono... A mulher dele não era tão bonita quanto a minha, enfim, o intercâmbio não era tão equitativo, mas o que me angustiou foi vê-la ter orgasmos em série e gozar como nunca tinha feito comigo. Foi desesperador". Por sua vez, em outra sessão, a mulher me disse: "Não sei o que me aconteceu... Acho que me despersonalizei. De repente me esqueci de onde estava e com quem".

Depois de semelhante "trauma sexual", meu paciente desenvolveu um verdadeiro pânico, motivado por dois pensamentos: "Ela não gosta tanto de mim" e "Não sou um amante tão bom quanto pensava e não vou poder satisfazê-la como ela espera". As comparações matam, quase sempre. O sufoco de meu paciente era tal que ele consultou vários médicos para aumentar o tamanho do pênis, além de testar cremes, próteses e auxílios eletrônicos de todo tipo. Além disso, foi incessante o interrogatório retrospectivo que fez com sua mulher sobre os detalhes da noite fatal: "Como ele fazia?", "Do que você mais gostava?", "Descreva para mim cada orgasmo que teve", "Me diz como ele te beijava"... enfim: insuportável. Era evidente que seu comportamento obsessivo escondia o medo de perder sua parceira: já não tinha certeza de nada. Em certa ocasião, me confessou: "Naquela noite eu esperava que ela fizesse o sujeito acreditar que ela estava curtindo como louca, que representasse um papel. Para mim era como ver um filme pornô em que a estrela fosse minha mulher. Mas um filme de ficção! Nunca imaginei que seu prazer fosse verdadeiro!". Vários meses de trabalho intenso conseguiram fazer com que o homem se estabilizasse, confiasse mais em si mesmo e em sua esposa e que diminuísse seu medo de perdê-la. Embora o fantasma daquele companheiro de jogos apareça de vez em quando, ele aprendeu a controlar os sentimentos que isso lhe causa. Nem é preciso dizer que a experiência traumática acarretou algumas mudanças drásticas em seus hábitos sexuais: começou a odiar as trocas de casais e qualquer coisa parecida com isso, negou-se a ver novamente filmes pornô e pediu que sua mulher trocasse seu vestuário por outro mais "tradicional". Quem disse que as pessoas não mudam? Um bom susto e um pouco de terapia costumam ser uma boa combinação para que isso aconteça.

Assumir riscos no amor, sejam sexuais ou emocionais, exige certa atitude inteligente e sobretudo realista, baseada em duas ideias: "Até onde sou capaz" e "Até onde estou disposto a assumir as consequências". Existem pequenas travessuras que acabam em catástrofe, porque não soubemos analisar com cuidado o assunto e compreender nossos limites. A maioria dos grandes incêndios costuma acontecer quando algumas pessoas, inocentemente, começam a brincar com fogo.

"Sua liberdade me assusta"

Existe um medo à liberdade muito especial que aparece em alguns casais e que consiste em acreditar que, se se fizer uso da própria liberdade, implicitamente se está "autorizando" o parceiro ou parceira a fazer o mesmo, e, portanto, é melhor não ser tão livre para evitar que o outro o seja. Essa premissa é especialmente suspeita: quanto mais liberdade uma pessoa tem, mais a relação corre perigo, como quem diz: "A ocasião faz o ladrão". Uma paciente, que tinha esse modo de pensar, justificava-o assim: "Prefiro não fazer uso de minha liberdade para não dar a ele um 'mau exemplo', pois de repente ele pode querer fazer o mesmo. Por isso saio pouco, quase não tenho amigas e toda minha vida gira ao redor dele. Prefiro que sejamos dependentes felizes e que façamos tudo juntos. Minha liberdade? Não a quero nem me interessa, não pretendo colocar minha relação em risco". Curiosamente, o motivo de sua consulta era o fato de que seu vínculo afetivo estava se enfraquecendo. E era lógico, já que a rotina tinha tomado conta da relação. O "aprisionamento amoroso" produz um efeito paradoxal: ficar grudados um no outro para reduzir os riscos que o casal pode correr acaba aumentando-os, devido ao tédio que surge por ficarem vendo a cara um do outro o tempo todo. Enclausurar-se não é a melhor maneira de viver a dois. O único modo de crescer é expor-se ao mundo e experimentar a vida, por mais perigosa que nos pareça. Repitamos: a norma produzida pelo medo à liberdade no amor é a seguinte: "Temo tanto sua liberdade que convido você a nos escravizarmos um ao outro". São correntes que nascem de um coração repleto de covardia.

Contratos afetivos renováveis

Você já teve essa fantasia alguma vez?: *contratos afetivos por tempo limitado, renováveis ou não, e de comum acordo, conforme o resultado do vínculo.* A relação não funcionou? Adeus. Funcionou? Passemos à segunda etapa. Uma liberdade testada e consensual, uma tentativa responsável de continuar, se valer a pena e se ninguém sair machucado. Quanto tempo deveria durar um contrato afetivo? Os votos deveriam ser revisados depois de um ou dois anos. Insisto: se a coisa estiver andando bem, continuamos; se não, terminamos. E se conseguirmos renová-los umas três ou quatro vezes, então aumentamos o compromisso. O contrato será maior em termos de tempo e de responsabilidades. Por exemplo, poderíamos ter filhos depois da quarta renovação, e coisas desse tipo. O casamento ou a união de fato não seriam vistos como uma obrigação asfixiante. O risco de estabelecer compromissos seria mais racional e teria os pés no chão. Obviamente os contratos não seriam obrigatórios nem referendados por alguma força ou poder superior ou transcendente. Seu cumprimento dependeria exclusivamente dos implicados. Mas, claro, isso é apenas uma fantasia.

Acho que seria muito saudável tornar conscientes e explícitas todas as consequências que se esperam de uma relação antes de iniciar um vínculo com a intenção de que seja estável. Por exemplo: "Como vamos administrar uma separação?", "O que faremos no caso de algum dos dois ser infiel?", "Vamos tolerar a violência e a falta de respeito?", enfim, ser realista e ver as coisas como poderiam chegar a ser, porque certamente nem tudo será cor-de-rosa. Melhor estarmos de acordo antes e não irmos improvisando enquanto a coisa anda: gestão amorosa. Isso é o que deveria ser feito, para além dos discursos teóricos que se ouvem nos famosos encontros pré-matrimoniais para apaixonados.

Estar pronto para o imponderável e não apenas para a felicidade idealizada e permanente de um amor que não costuma ser assim. Viver com outro exige inspiração e transpiração, um grande afeto e muito esforço. Só o amor não é suficiente, e, se agregarmos a isso um sentimento de sufoco porque a relação deve ser "para sempre", a falta de liberdade será uma tortura. Insisto naquilo que já disse em algum lugar: "Tenho direito a deixar de gostar de você, a não te amar, e, se isso acontecer, também tenho o direito de pensar seriamente que a relação já não tem sentido". E você também tem a mesma opção. Direito ao amor e ao desamor, a se cansar ou a persistir. Liberdade de se expressar, de ser honesto, de ser coerente com a própria consciência.

Contratos renováveis segundo a segundo, no dia a dia e de noite em noite. Um amor que construa a si mesmo e seja capaz de se renovar e de se reinventar à vontade: "Não te amo, estou te *amando*". É o gerúndio que manda, porque a cada momento te descubro e me descubro, ali nos achamos cimentando algo que chamamos de amor e que nos contém. Contratos renováveis, revisáveis, analisados cruamente e à luz dos fatos, sob a ótica de nossas expectativas mais descarnadas e sinceras. As relações afetivas não são obrigações *per se*, são opções abertas e mutantes, e o que as torna estáveis é o bem-estar gerado pela conjunção do desejo (*eros*), da amizade (*philia*) e do cuidado com o outro (*ágape*), que nunca devem faltar. Que sentido tem manter à força um vínculo cujo traço distintivo é o mal-estar? Melhor estar só, ou sós, se o que é preciso aguentar é a angústia, por mais amorosa que seja. Não digo que seja preciso buscar um amor perfeito (não se iluda), refiro-me a um equilíbrio interior em que as emoções positivas superem amplamente as negativas e em que o respeito e o autorrespeito não sejam a exceção, mas a regra que guia o comportamento dos envolvidos. Se o amor não é digno, não vale a pena senti-lo nem vivê-lo.

Tema 16
No amor não existem certezas: "Preciso que você esteja sempre a meu lado"

Probabilidade versus possibilidade

Numa terapia, compreender a diferença entre probabilidade e possibilidade costuma ser algo muito útil para que os pacientes que estão em busca da "certeza de que tudo irá bem para sempre" diminuam suas expectativas. Ter a certeza de que o amor será inabalável, que se manterá a salvo de qualquer circunstância por toda a eternidade é uma ilusão que gera frustração e ansiedade. No entanto, para muitas pessoas dependentes, a diferença entre *possibilidade* (que o fato ocorra ou não) e *probabilidade* (o quanto é viável que o fato ocorra) deixa-os angustiados, porque o que almejam é obter uma possibilidade e probabilidade zero de fracasso, o que é impossível. Dizer a eles: "Você tem 90% de sucesso em sua relação", ao invés de tranquilizá-los, provoca angústia, porque querem ter assegurados os 100%. Sua mente vai inverter a porcentagem e vão se comportar como se houvessem dito a eles que sua probabilidade de sucesso é de apenas 10%. O pensamento que os oprime é categórico: "Não posso ter certeza".

Lembro do caso de uma senhora muito dependente do esposo que tinha muito medo de que ele a deixasse. Seu medo, claramente infundado, a fazia imaginar sempre o pior e a perceber "sinais de separação" que só existiam em sua imaginação. De sua parte, o senhor vivia feliz e contente com sua mulher, e o que menos lhe passava pela cabeça era terminar sua relação com ela. As estratégias que minha paciente utilizava para avaliar o risco de uma possível separação estavam impregnadas de uma série de distorções cognitivas. Por exemplo: um bocejo significava que ele estava farto dela; um silêncio implicava que ele estava pensando em outra mulher; se ele não conseguia ter uma ereção, ela interpretava isso como uma prova de que ela já não lhe interessava. Diante de tal confusão, tentei explicar-lhe a diferença entre *probabilidade* e *possibilidade*, para que pudesse ser mais objetiva e menos fatalista ao processar as informações.

Numa sessão, expus a ela o seguinte: "Afirmar que algo é 'possível' quer dizer apenas que algo pode ou não ocorrer. Por outro lado, algo 'provável' indica até que ponto é viável que ocorra. Por exemplo: é possível que, neste exato momento, o teto se abra e uma bomba caia sobre minha cabeça? A resposta é: 'Sim, é possível', e, embora seja algo remoto, não posso garantir que não vá acontecer. Agora, se falo da probabilidade de que o artefato explosivo caia, a coisa muda de figura. Que probabilidades existem de que a bomba caia sobre minha cabeça? Pouquíssimas, sem dúvida, talvez uma em muitos milhões de probabilidades. Em outro exemplo: é 'possível' que um carro me atropele ao passar pela rua? Sim, é. Porém, o quanto isso é provável? Nem tanto. Não é tão comum ver acidentes desse tipo. E um exemplo mais: é possível que o avião em que viajo caia? Sim, é possível, mas o quão provável é isso? Pois bem, segundo as estatísticas, a probabilidade é menor do que a de ocorrer um acidente de trânsito. Repito: a possibilidade diz respeito a se um fato pode ocorrer alguma vez; a probabilidade, à frequência com que o fato ocorre, levando em consideração o acaso. Se confundo possibilidade com probabilidade, farei minha ansiedade disparar. É possível que eu tenha um câncer? Sim, é. Porém, o quão provável é isso? Se os médicos me disserem que estou bem de saúde, a probabilidade será pequena. Aplicando isso ao relacionamento com seu parceiro, podemos dizer que a probabilidade de que seu esposo se canse da senhora e a abandone, baseando-me em meus conhecimentos, é bastante remota. Posso apostar que chegarão juntos a uma velhice satisfatória".

Quando terminei minha explicação, não pude evitar fazer uma cara de satisfação, já que imaginei que toda esta argumentação diminuiria a ansiedade de minha paciente. Mas não foi assim. Ela me olhou, apavorada, e disse: "Então a *possibilidade* existe!". Disse a ela que sim, claro, mas que a probabilidade era igual à de ganhar a loteria de fim de ano e a isso ela me respondeu: "Mas há gente que ganha!". E acrescentou: "Doutor, para mim as probabilidades não interessam, quero que o senhor me dê a certeza de que ele nunca vai me abandonar. Quer dizer: possibilidade zero". Minha paciente pedia uma espécie de "infalibilidade amorosa", coisa que eu não podia lhe dar. Sentiu-se muito decepcionada com o fato de que seu psicólogo carecesse de poderes especiais, mas não abandonou a terapia. Ao cabo de seis meses, sua ansiedade tinha diminuído bastante. Teve que trabalhar várias coisas e aceitou a contragosto que existisse uma remota probabilidade de que a relação com seu marido pudesse vir a pique. Ela e eu fizemos uma espécie de acordo probabilístico, claramente intuitivo: que seu vínculo amoroso tinha uma probabilidade de uma em dez bilhões de fracassar. Isso a tranquilizou.

A permanência afetiva consiste numa crença básica: "Que o nosso amor dure para sempre". Os budistas opõem a esta ideia de "amor eterno" a impermanência, o conceito segundo o qual as coisas e as pessoas vivem em contínua transformação, que tudo muda e se modifica, que nada é o mesmo de um momento para outro. Se as coisas não são para sempre, é preciso ser realista e entender que os eventos podem não funcionar como gostaríamos, o que não implica resignar-se ou cruzar os braços e ser um simples espectador: podemos influir sobre os acontecimentos e modificar as trapaças da sorte, mas nunca podemos ter certeza. Os casais mudam, as relações se modificam, os amores se desgastam e alguns conseguem renascer das cinzas. Não existe uma determinação afetiva rígida, nem almas gêmeas nem amores da quinta dimensão. Podemos fazer com que as probabilidades se inclinem a nosso favor e inventar e reinventar o amor como bem entendermos, e isso já é bastante. *Impermanência afetiva*: o fluxo variável da existência, e, também, do amor.

O amor hesitante

Como dissemos, a incerteza é uma parte intrínseca de qualquer relação. O sociólogo Zygmunt Bauman o explica claramente: "Quando há dois, há incerteza, e quando se reconhece o outro como um 'segundo' por direito próprio, como a um segundo soberano, e não uma simples extensão, ou um eco, ou um instrumento ou um subordinado meu, admite-se e aceita-se essa incerteza".

Mas uma dúvida razoável e corriqueira e uma insegurança angustiante, que o deixa preso a um dilema não resolvido por tempo indeterminado, não são a mesma coisa. Como você reagiria se seu parceiro/parceira lhe dissesse: "Não sei se gosto de você, deixe-me pensar"? Você não demoraria a responder: "Isso não se pensa, isso vem de dentro e você deveria ter certeza!". Mas há amores que se especializam em indecisão e em ser contraditórios até a medula, coisa que é muito difícil de suportar. Não seria uma tortura estar com alguém que não sabe se gosta ou não de você, que a toda hora esteja desfolhando margaridas para saber o que sente por você e o faça flutuar entre o muito pouco e o nada? Você nunca ficou com alguém que num dia se entrega totalmente e no outro o trata como se você não existisse ou fosse invisível?

Frente a um amor hesitante, as pessoas reagem basicamente de duas maneiras: *a*) aquelas que gostam de si mesmas e não negociam seus princípios, impõem limites e não entram no jogo, sem se importar com as consequências, e *b*) as pessoas dependentes e inseguras, que pulam ao compasso das vacilações do outro.

Uma mulher me dizia: "É verdade que ele não tem certeza se gosta de mim ou não, mas tento ter paciência e me adaptar às suas mudanças afetivas da melhor maneira possível". Como alguém pode se adaptar "da melhor maneira possível" às flutuações afetivas do outro e não enlouquecer? Um homem, que era vítima de uma mulher com estas características, decidiu gravar cada ataque de ira/ódio e cada manifestação de ternura/amor da parceira, para que ela se desse conta dos altos e baixos de seu amor, com a esperança de que ela, ao constatar o quanto seu comportamento era contraditório, mudasse de atitude. Quando ele lhe sugeriu que ouvisse as gravações, ela se negou a fazê-lo e rompeu com ele definitivamente. Saiu ofendida e nunca mais voltou a vê-lo. Não é fácil enxergar a si mesmo de maneira realista e constatar o quanto somos incoerentes sem que isso nos afete de alguma maneira.

Os que decidem "adaptar-se" às hesitações de sua metade da laranja acabam entrando num jogo de céu e inferno a cada manifestação de amor ou de rejeição. Uma paciente adaptada às flutuações de seu parceiro assim o explicava: "Quando me ama e é carinhoso comigo, sou feliz e a vida adquire sentido; e, quando está insuportável e me maltrata, me deprimo e me isolo". Que maneira de se adaptar é essa? Submeter-se cegamente ao outro não é a melhor estratégia de sobrevivência. Que seu parceiro/parceira mande em seus sentimentos e você obedeça e, além disso, que aceite mansamente suas hesitações e concorde com seus caprichos não é amor, é pura submissão. Como já disse, no amor não há certezas, mas tampouco se trata de chafurdar numa incerteza afetiva impossível de controlar. Afirmar: "Hoje gosto de você, amanhã não sei e depois de amanhã talvez já não goste" não é algo aceitável para uma mente sã e normal. Ninguém jamais deveria ter de perguntar a seu parceiro/parceira: "Como você acordou hoje, meu amor? Está me amando ou me odiando?". Existe algo no amor verdadeiro que se mantém constante, que sempre se sente, que não decai naquilo que é essencial. Como já expressei em outro de meus livros: se alguém não sabe se te ama, é porque não te ama. Perguntei a uma paciente se se sentia amada por seu esposo e ela me respondeu o seguinte: "Depende do dia". Tanto relativismo assusta e deprime. Perguntei mais uma vez: "Depende de quê?", e ela me disse: "Não sei". Incerteza total e radical. Uma espada de Dâmocles sobre o coração, com o medo e a dor inevitáveis num desamor que já desponta.

Perfeitamente previsível, insuportavelmente entediante

Se a incerteza causa angústia e ansiedade, uma relação *perfeitamente previsível* transforma o vínculo afetivo num morto-vivo. Benditos sejam os pontos médios, embora não seja fácil alcançá-los. Por exemplo, as pessoas que sofrem de apego afetivo tranquilizam-se com o fato de que o parceiro/parceira seja totalmente previsível e não cause surpresas de nenhum tipo. A crença que os move é a de que, se estiverem no controle das situações que envolvem o outro, o amor estará resguardado. Incerteza zero, previsibilidade total, prognósticos claros e definidos: "Você vai ser sempre igual" ou "Nossa relação será imutável". O nirvana amoroso na Terra. Sem sobressaltos, sem ansiedade ou alterações causadas pelo insuportável acaso. Mumificação afetiva e um só princípio: que o outro seja inalterável e fácil de prever: "Entrar em sua mente e saber como você pensa, inclusive antes que você o faça; entrar em seu coração e saber o que você sente, inclusive antes que você sinta". Existem casais que fazem cara de quem sabe tudo porque cada um é perfeitamente previsível para o outro, cada um sabe o que o outro fará, o que está pensando, o que o agrada ou desagrada. Sabe-se tudo a respeito da relação, inclusive o que será. Esses casais não caminham: levitam e bocejam, sobretudo o último. É o preço do hábito, que vai minando o brio natural do amor. Como sugeri antes, ser "totalmente compatíveis", mais que uma virtude, é uma lamentável coincidência.

"Somos almas gêmeas", me dizia uma paciente, cuja confirmação provinha de um assessor espiritual que tinha "descoberto" que ela e seu esposo transitavam tranquilamente em outros planos astrais. Na verdade, devido a essa suposta complementaridade perfeita, pouquíssimas vezes falavam entre si com sinceridade, nunca confrontavam suas ideias nem compartilhavam seus sonhos: para quê, se tudo já estava escrito e definido pelo universo. Não se maravilhavam nem se admiravam com nada que o outro fizesse ou dissesse. Dois ovos sem sal. O assessor espiritual tinha razão: não eram dois, mas um; um deles tinha devorado o outro. É o resultado indefectível de um amor sem atordoamento ou comoção. É o amor pasmado, que nunca se festeja. É o amor austero, ao qual faltam a brincadeira, a metáfora, a mentira inofensiva, o humor, enfim, a estranheza e o desconcerto que permitem revelar que o parceiro é um ser distinto do outro. O assessor previu um final feliz, mas os dois se separaram depois de dois anos de casados e quatorze de namoro. O amor parcialmente incerto, aquele que nos mantém vivos e ativos, necessita do sobressalto amável e do alarme que nos permite reposicionar o outro e reinventá--lo cada vez que se possa. Se já vier tudo pronto e sob medida, faltarão as badaladas da descoberta insuspeita no ser que amamos: "E desde quando você fuma maconha?", "Não tinha ideia de que você se masturbava pensando nos marinheiros ingleses", "Não sabia que você estava escrevendo um romance", "Onde você aprendeu a fazer comida chinesa?", "Não sabia que você jogava xadrez", e coisas do tipo. Surpresas. Pequenas ou grandes descobertas sobre quem amamos, para que o amemos mais ou deixemos de fazê-lo. O parceiro como revelação e descoberta de um amor que renasce e palpita constantemente.

Tema 17
O pior pesadelo para um dependente: "E se você for feliz sem mim?"

"Sua felicidade me faz infeliz"

Pergunta recorrente e suspeita de alguns preocupados com a felicidade alheia: "Por que estará tão feliz?"; uma angústia especialmente incômoda para quem teme perder sua metade da laranja. Um pesadelo dormindo ou acordado, mas um pesadelo, afinal, e crivado de dúvidas. Certa vez perguntei a uma mulher com sérias dificuldades em seu casamento: "O que você mais teme numa possível separação?", e ela me respondeu: "Não consigo pensar em nada pior do que ele ser feliz sem mim". O pensamento subjacente ao pior pesadelo do sujeito dependente é o seguinte: "O intolerável é que não sou totalmente imprescindível para sua felicidade". O ego se ressente e o medo se multiplica. A felicidade do outro como um sintoma ou um indicador de que já não gosta de você. Conheço pessoas que amam a depressão de seu parceiro porque se sentem necessárias para o outro nesses momentos. Quem disse que o amor nunca é patológico?

Dizer a uma pessoa apegada que o outro pode viver sem ela é confirmar o pior de seus temores: o desapego do outro. A frase que mais ameaça sua segurança básica é: "Já não preciso de você", uma enxurrada paralisante de adrenalina. Uma jovenzinha me dizia, desesperada: "Se ele já não precisa de mim, terei de ficar sem ele, terei de ficar sozinha e ele será feliz sem

Amor ou prisão?

mim!". Sim, ela tinha razão. Se já não querem ficar com você, é preciso cuidar de si mesmo e enfrentar a solidão. Resignação inteligente e pragmatismo afetivo, não há outro jeito.

Ver o parceiro ou parceira feliz depois de se separar, seja por que razão, confirma que já não gostam nem um pouco de você. Haverá um golpe mais forte do que a pessoa que você ama lhe dizer tranquilamente: "Sou feliz sem você"? Ela não está dizendo: "É difícil começar de novo sem você" ou "Estou muito triste por ter perdido você", o que diz é que tirou um peso de cima e agora está pulando de alegria! Um escárnio dos mais cruéis para um eu que mal consegue sobreviver. Como não temer uma selvageria como essa? A única solução para este desastre é passar do amor ao desamor pelo outro. Desamor total e livre de metástase. Já não te amo, já não preciso de você, já não te quero a meu lado. Que alívio, que descanso! Um desafeto sem vingança, sem retaliação, sem contaminações emocionais negativas, limpo e puro, sem ódio e sem antipatia. Me refiro a uma maravilhosa e total indiferença, essencialmente libertadora. Você não acha possível? Sim, é possível, já vi isso em muitas pessoas: "Se você já não me quer, então não me merece", ou "Você não merece que eu derrame uma única lágrima por você", "Não merece minha angústia". Existe um interruptor oculto em cada um de nós, que dispara quando alguém ultrapassa a linha da dignidade pessoal. Não digo que isso não doa, mas que podemos suportá-lo e deixá-lo cair pelo caminho.

"Proíbo você de ser feliz sem mim"

Lembro do caso de um paciente hipersensível à alegria de sua mulher, que estava obcecado com esse assunto. O tempo inteiro imaginava sua esposa em situações que a faziam feliz sem ele. Me dizia: "O que acho é que, se ela pode prescindir de minha pessoa e ser feliz sem mim, mesmo que seja momentaneamente, é porque não me ama". Amor absorvente, de 24 horas, contínuo, sem descanso emocional. Expliquei-lhe o óbvio, que ele não podia abarcar o ser de sua mulher o tempo todo e de todas as formas, e que ela continuaria a manter seu individualismo apesar de suas objeções, mas as razões que eu tentava expor eram ignoradas sistematicamente. De modo semelhante aos ciumentos típicos, que deliram com a ideia de que seus parceiros andam metidos com outras pessoas e pensam nisso o dia todo, para meu paciente a alegria e a felicidade que sua mulher sentia sem a sua presença era uma forma de traição e de exclusão afetiva.

Quis confirmar isso numa sessão e perguntei a ele: "Você acha que, se sua mulher é feliz sem você, seja porque se reuniu com amigas/amigos, está vendo um filme ou lendo um livro, de alguma maneira lhe está sendo 'infiel'?". Sua resposta não demorou: "O senhor acertou em cheio, doutor! É infiel e pouco solidária!". Em seu modo de ver as coisas, a mulher devia esperar ou adiar quaisquer atividades como essas para dividi-las com ele. E acrescentou: "Para mim não há nada pior do que a ver feliz quando conversa por *chat* com suas amigas". A felicidade de sua mulher, sem sua participação de alguma maneira, roubava sua tranquilidade e energia. O homem sofria de um transtorno obsessivo compulsivo (TOC) em que o componente amoroso assumia uma estranha forma: *ciúmes da felicidade de sua parceira*. Sua ansiedade antecipatória e catastrófica o levava a prever um desenlace cruel e profundamente irracional: "Se minha mulher não precisa de mim para ser feliz, é porque não me ama". Fusão na enésima potência.

A consequência disso era ainda mais absurda, e tinha matizes assustadores: "Amo sua tristeza e sua vulnerabilidade; ver você deprimida alimenta minha esperança, me tranquiliza porque sei que você precisa de mim a seu lado".

Tema 18
Cinco medos relacionados ao amor de casal

Medo do compromisso

Fobia a se comprometer e a criar algum tipo de obrigação com uma pessoa a quem supostamente se ama. Amor contraditório: uma parte sua quer e a outra resiste. Não há contrato ou juramento que valha, só um grande medo de ser limitado: "Quero estar com você, mas total e absolutamente livre de qualquer vínculo formal". Qual é o medo de fundo? O de perder a liberdade, o da reclusão que implica assumir algum tipo de responsabilidade, o de ficar preso e não poder escapar facilmente. O amor supõe alguns deveres. Essas pessoas defendem seu território até a morte e acham que, se alguém o ultrapassar, serão "subjugadas", mesmo que seja por amor. Lembro de um paciente com estas características que me dizia: "Vou deixá-la, não há outra solução. É uma boa mulher, mas acredito que estou a ponto de me apaixonar, e, se isso acontecer, vou querer me comprometer e aí vou perder minha autonomia". No entanto, e apesar de sua resistência a criar qualquer tipo de vínculo interpessoal, depois de três anos casou-se com uma mulher que o sacudiu psicológica e emocionalmente, aí incluída sua independência. Da última vez que o vi, estava alegremente unido à sua parceira.

No entanto, e apesar do ideal social de que "é mais fácil ser feliz estando juntos", muita gente se sente muito bem sozinha ou mantendo laços distantes e relações não comprometedoras. Você pode ter uma lista de amigos ou amigas circunstanciais e sem um "contrato" que vá além do afeto, com quem você pode jogar cartas, fazer amor ou ir ao cinema. Amizades que não complicam nem obrigam a nada e com quem você pode passar bons momentos. Ser solteiro ou solteira nem sempre implica que Santo Antônio virou de cabeça para baixo. Muitas vezes são escolhas feitas conscientemente, tão válidas, assumidas e inteligentes quanto qualquer outra.

De qualquer maneira, é bom destacar um ponto nem tão benigno. No extremo deste estilo "independentista amoroso" podemos colocar os chamados esquizoides (a psicologia considera isso um *transtorno de personalidade*), defensores obstinados da indiferença e da autonomia até as últimas consequências. Sua motivação básica é a dos ermitões afetivos. Se você identificar alguém assim, procure escapar, porque são como buracos negros. Primeiro fazem você se apaixonar, depois se aproveitam de você e finalmente desaparecem na névoa, como o conde Drácula. Faço referência a eles em meu livro *Amores de alto risco*.

Medo de que a pessoa amada nos decepcione

Uma mulher foi a meu consultório porque seu marido tinha se metido numa fraude no trabalho, o que havia custado a ele o emprego e uma queixa-crime. Ela me explicou assim o que estava sentindo: "Não estou preocupada com o julgamento e com o fato de que tenha ficado desempregado, o que me dói é que tenha roubado. Eu o considerava um homem honesto e responsável. Nunca imaginei que fosse um delinquente. O problema é que sinto que algo se quebrou e temo não poder voltar a amá-lo como antes. Não sei, sinto que já não é o mesmo". No fundo, seu dilema não era ético, mas de quebra de expectativas, de desilusão pura e simples. Tinha conhecido uma faceta perversa do homem que amava e não gostou nem um pouco do que descobriu. Quando lhe perguntei se ainda o amava, me disse que sim, com relutância: "Continuo a amá-lo, mas não do mesmo modo". Minha paciente só tinha duas opções saudáveis: ou o perdoava ou o abandonava. Continuar num ponto intermediário e indeciso ia ser muito contraproducente para ela. Mas é claro que qualquer decisão implicava um processo e um grande trabalho interior. Depois de alguns meses, começou a perdoá-lo. Seu amor agora era mais realista: ela o amava com toda a humanidade que carregava.

A melhor recomendação para os que idealizam os parceiros e depois temem que seus vaticínios não se cumpram é botar os pés no chão, embora os românticos não gostem disso: não há príncipes azuis nem sapos que se transformem em príncipes. A máxima é a seguinte: ou você ama a totalidade do que o outro é ou você não ama nada. Além disso, existe um efeito de desequilíbrio que devemos levar em conta na hora de manter uma atitude objetiva em relação ao outro: *se há algum aspecto de seu parceiro que lhe pareça inegociável, repugnante ou intolerável, mesmo que nele haja uma infinidade de outras virtudes a considerar, há ocasiões em que "uma única questão obscura e repelente" irá pesar mais do que todas as qualidades na hora de se fazer uma avaliação séria e de longo prazo.* Você se casaria com um pederasta se ele for uma "boa pessoa" em outros aspectos? Você se casaria com uma mulher infiel, mesmo que ela "esbanjasse virtudes" pelos quatro costados? Você se casaria com um abusador que lhe oferece episódios esporádicos de "ternura e amabilidade"? Em certas ocasiões, um único vício, uma única corrupção pesa mais do que mil bondades.

Qual é o risco de idealizar uma pessoa e depois descobrir que ela é apenas um ser humano normal? A decepção. "Você me decepcionou": direto ao coração. Decepção implica desengano e desilusão. Em queda livre: "Você não era o que eu pensava". Como me dizia uma mulher que tinha descoberto que seu esposo era infiel: "Deixou de ser a pessoa que eu amava, me sinto roubada. É como se tivessem me dado um golpe no coração, no centro do amor". Decepção e desamor estão muito próximos.

Medo de que o amor decaia sem motivo aparente

As pessoas que são vítimas deste medo passam o tempo avaliando os "níveis de amor" do parceiro ou parceira para confirmar se o sentimento decai, se se mantém ou se aumenta de intensidade. Como os *experts* em investimentos, manejam seus gráficos e tendências afetivas. O verdadeiro temor consiste em que o vetor que representa o sentimento amoroso comece a declinar além do previsível sem motivo aparente. Um homem me descreveu isso do seguinte modo: "Não existe uma terceira pessoa, nossa relação é respeitosa, temos filhos maravilhosos, uma boa vida social e profissional, mas o amor... Como dizer isso? Começou a enfraquecer e restou apenas um afeto fraternal". Cansaço mútuo? É possível: a rotina, o hábito, o tédio, tudo influi. No entanto, há vezes em que o amor declina com o passar do tempo como se ele se desgastasse de tanto uso, como diz uma canção. A conclusão é ao mesmo tempo simples e desconcertante: assim como nem sempre há motivos para o amor, tampouco há motivos para o desamor.

As pessoas hipersensíveis à perda afetiva, em seu desespero, desenvolvem estratégias de controle e monitoração constantes para manter viva a chama do amor a qualquer custo. Reacendem o sentimento sempre que podem e encorajam entretenimentos variados, novidades no sexo, cuidados com o aspecto físico, renovação de amizades, atividades culturais compartilhadas e outras coisas desse tipo, que permitam reanimar o doente e fazer com que saia da terapia intensiva. Infelizmente, apesar de todo o esforço e das boas intenções, nem sempre se atinge o objetivo e o desamor se torna inevitável: o amor se apaga e desaparece bem na nossa frente. Assim como um dia entrou pela porta da frente, hoje se vai pela porta de trás, sem dramas, em silêncio, e sai de cena diante do olhar atônito daqueles que o possuíam e dele desfrutavam.

Medo do abandono

Medo de que a pessoa amada nos deixe, nos diga adeus. Haverá um medo mais chocante no que diz respeito ao amor? "Medo de que você deixe de me amar", "Medo de que você se canse de mim", "Medo de que você já não me aguente", "Medo de que eu já não faça bem a você", "Medo de que você prefira ficar sozinha ou sozinho", "Medo de que você tenha uma crise existencial e me exclua"; enfim, medo de que você me deixe de lado do jeito que for. Abandono, ou, o que é o mesmo: demissão, descaso, "dar o bolo", abdicação ou deserção. Se o abandono dá as caras, não há outra opção a não ser depor as armas, dar por encerrada a batalha e se afastar junto com o vazio e a dor causados pela ausência do outro. O que dói, exatamente? A lembrança incontornável dos bons momentos, a confirmação constante e reiterada de que a pessoa amada já não está ali porque não quer. Que fardo é o temor ao abandono! Que peso a sua existência!

Esse medo é o que mais caracteriza os dependentes emocionais, pelo menos o que melhor os define e aquele que mais temem. Naturalmente, quanto mais ressentimentos, mais sensibilidade, ou, dito de outra forma: quanto mais você tenha sido abandonado, maior o medo ao abandono. É a espiral negativa dos rejeitados no amor. Como se desligar do abandono? É preciso aprender a perder, aceitar que você não pode fazer nada quando te deixam de lado, porque a coisa já está fora de controle. É preciso trazer à tona a dignidade mais profunda: quem te machuca não te merece, e está na hora de virar a página. Se te deixam, que não voltem. Não é melhor que tenha ido, se não te queria?

Por que continuar com alguém que já não te ama, a quem você incomoda e que te deixa de lado? A realidade se impõe ao otimismo: *já não quer ficar com você*. Sei que dói demais, mas de nada serve apegar-se a uma esperança inútil ou enganar a si mesmo. A pessoa que você ama e que o abandona tem o poder, e ela o exerce cruamente: "Posso prescindir de você mais facilmente do que você de mim". E executa-se a sentença. Uma mulher, vítima do abandono por parte de seu esposo, não conseguia acreditar no que havia acontecido. Achava que depois de oito anos de casados ela tinha algum tipo de domínio ou de autoridade que poderia exercer sobre ele para fazê-lo mudar de opinião, como se o abandono fosse apenas um ponto de vista e não uma explosão existencial.

O que as vítimas de abandono devem eliminar é a esperança. Acabou, já não tem volta, como acontece no luto bem--feito por pessoas falecidas, em que a aceitação nos conduz ao realismo mais cru. A esperança acarreta um problema adicional na perda afetiva: incentiva o organismo a buscar o impossível. A pessoa abandonada, se não se resigna, começa a exibir uma série de comportamentos que têm a finalidade de recuperar o ex, sem saber que essa tentativa persistente e teimosa pode produzir o efeito contrário. Isso é conhecido como profecia autorrealizada: aquilo que se tenta fazer desesperadamente para recuperar o parceiro ou parceira (chorar, suplicar, pedir outra oportunidade, telefonar sem parar, insistir sem compostura ou vergonha), acaba afastando o outro ainda mais e confirma seu desamor. Se quiser desanimar alguém interessado em você, persiga-o como num filme de espionagem: seu parco interesse, se é que ainda existe, vai desaparecer num instante.

Uma mulher tentou "reconquistar" seu ex-marido de maneira trágica: esperou por ele na porta de casa e, ao vê-lo, tentou cortar os pulsos. O desespero causado pelo abandono afetivo é perigoso e irracional a esse ponto. Felizmente, ele lhe prestou os primeiros socorros e conseguiu salvar sua vida. Ela, ingenuamente, esperava tocar o coração do homem que amava, mas causou o efeito contrário. Quando perguntei a ele como tinha vivenciado aquela tentativa de suicídio de sua ex, ele me disse: "Fiquei muito impressionado... mas tudo que pensei naquele momento foi: 'Ainda bem que a deixei'".

É importante esclarecer uma coisa: você pode amar com todas as suas forças e não ter medo do abandono, mas vê-lo simplesmente como uma possibilidade em aberto. Pergunte a você mesmo, seriamente: para que continuar com alguém que não quer ficar com você? A dor causada pelo abandono não depende tanto do que seu parceiro ou parceira fizer, mas do que *você* fizer. A equação é a seguinte: a dor que você sentir será inversamente proporcional ao seu autorrespeito e à sua dignidade pessoal. Inversamente proporcional ao quanto você

Amor ou prisão?

gosta de si mesmo e ao quanto você esteja apegado à pessoa que ainda ama. Você pode ser um majestoso carvalho ou um insignificante arbusto, você decide.

Medo de que o parceiro/parceira seja infiel

Uma das emoções que mais estragam o amor é o ciúme ou o medo de ser traído. Embora existam pessoas mais desconfiadas do que outras, sobretudo se em sua história pessoal/afetiva ocorreram eventos de exploração e abuso, a convicção que surge nestes casos costuma ser a mesma: "As pessoas são más e não se pode confiar em ninguém". O medo à traição anda de mãos dadas com a paranoia. Mas como é possível amar se há desconfiança? Para amar plena e saudavelmente, é preciso amar o amigo, o companheiro, ao qual nos entregamos com a certeza de que não nos prejudicará deliberadamente. Amor e lealdade também andam de mãos dadas.

Na maioria dos casos, o medo à infidelidade costuma ter uma variante: "Medo de que você me traia e *eu não me dê conta*". Ser uma espécie de vítima idiotizada. Ignorar os chifres – que, apesar de serem enormes e visíveis, costumam passar despercebidos por quem os carrega e suporta – é, sem dúvida, uma dupla estocada na autoestima (além de cornudo, idiota!). Uma mulher me contava, furiosa: "Não sei o que me dói mais, se a infidelidade ou ter passado por estúpida frente a mim mesma e aos outros!". Mas é que as duas coisas andam juntas: ser infiel consiste precisamente em iludir, mentir ou trair o outro, o que implica, por sua vez, em que o outro não foi a pessoa mais esperta do mundo.

A traição afetiva também oculta uma segunda variante, que paradoxalmente parece funcionar a seu favor. O que é pior: que o abandonem porque simplesmente se cansaram de você ou porque encontraram alguém para substituí-lo? Um homem me confessava o motivo de sua angústia: "Se ela tivesse me deixado por outro, pelo menos haveria um motivo. Seria horrível que ela tivesse um amante, mas não tão horrível como agora: não há ninguém, me deixou por ninguém, por mim mesmo!". Preferir que a parceira ou parceiro lhe seja infiel porque é menos doloroso do que um adeus asséptico e sem outro motivo além do desamor pelo desamor. Há algo de razoável neste modo de ver as coisas. Repitamos: das duas opções, qual é a pior: "Me deixou porque se apaixonou por outro ou por outra" ou "Me deixou porque se desapaixonou de mim sem que houvesse outra pessoa"? Há muita gente que prefere a primeira forma de tortura.

Se a sua autoestima é boa, se você se sente seguro de si mesmo e sabe o que quer, não deveria se preocupar demais com a possibilidade de que alguém lhe seja infiel. Se você tem claro que a infidelidade não é negociável e que *quem te trai não te merece*, você não estará controlando nem perseguindo ninguém para que seja fiel. Dirá, simplesmente: "Se eu ficar sabendo que você é infiel, tudo se acaba, e pronto". Também pensará: "Se você for infiel, vou me dar conta, porque não existe crime perfeito. Quem conhece seu parceiro/parceira sente a infidelidade, cheira-a, percebe-a, e eu conheço você". Você pode notificar a pessoa, como num decreto: "Você é totalmente livre para fazer o que quiser, mas, se for infiel, vou embora". A fidelidade se mede pelas ações livres que os indivíduos executam e não por um enclausuramento policial, que reduz sua liberdade ao mínimo. Você não precisa prender a pessoa que ama ou amarrá-la com correntes para que ela lhe seja fiel. O que você prefere? Que ela seja fiel a você porque não se lhe apresentam opções para ser infiel (estando presa) ou que seja fiel porque assim deseja (estando livre)? Se você está com um parceiro ou parceira que você precisa *cuidar*, *vigiar* e *controlar* para que não o traia, não continue aí. Que cansaço! Deixe-a ou deixe-o ser, e seja você mesmo, e que aconteça o que tiver de acontecer. A felicidade no amor chega por si só, quando você é livre e deixa que o outro também seja.

Conclusão

Como você pôde ler até aqui, a estrutura central de um amor saudável, com os pés no chão e sem apegos é a seguinte:

1. *Um amor livre.* Você não precisa de seu parceiro ou de sua parceira como de algo para suprir uma carência, mas você a prefere, como uma escolha que o coração faz e a mente decide. Qualquer tipo de vínculo que ponha obstáculos ao livre desenvolvimento da personalidade não lhe serve, mesmo que você tenha cem anos de idade. Aqui não há resignação que valha a pena, isso só vai fazer com que você regrida ou retroceda em seus objetivos essenciais e vitais. Esse amor opressivo e asfixiante será um fardo, um motivo de angústia ou um problema a resolver.

2. *Um amor sem obsessão.* Mesmo apaixonado por seu parceiro ou por sua parceira, não enlouqueça. Você não precisa perder o controle ou o juízo para estar apaixonado, isso é apaixonamento. Se o amor não o deixa pensar, você deve estar muito próximo de uma patologia, por mais feliz que esteja se sentindo. Amar não é se drogar: é misturar sentimento e razão. Decisões amparadas pelo coração. Às vezes você pode até perder o controle e se transformar no epicentro de uma paixão que parece não ter limites. Quem já não passou por isso alguma vez? Mas em seguida você precisa regressar à sua forma humana, a quem você realmente é, se quiser amar de maneira

saudável. Amor sereno (em pleno uso de suas faculdades) com descargas esporádicas de paroxismo: essa é a melhor maneira de amar. O amor que só habita os sentidos exacerbados acaba se perdendo. Amar sem obsessão é apelar a uma paixão harmoniosa, uma paixão que faz do amor uma experiência tão intensa quanto equilibrada.

3. *Um amor que se reafirme no próprio eu.* Naquilo que somos, na identidade básica que nos define. Participar do outro sem "pertencer", sem perder a própria individualidade nem ser vítima de "ocupações amorosas", nas quais se perde a singularidade numa tentativa desesperada de se fundir com o outro. O amor siamês não deixa espaço para a liberdade emocional. É preciso amar sem renunciar à própria identidade e manter a essência que nos define. Todos temos uma visão de mundo própria e intransferível, que é o conjunto de nossas crenças mais profundas, nossa ideologia, valores e princípios, agindo em uníssono. Se essa visão se perde, mesmo que seja por amor, não saberemos enfrentar a vida. O amor verdadeiro exige autenticidade, um eu que se reafirma e cresce em cada encontro afetivo. Se você precisa deixar de ser você mesmo ou você mesma para amar, é melhor não amar.

4. *Um amor sem medo de perder o outro.* Corajoso e livre. Assumindo o risco de amar com as consequências que lhe são próprias. Não existem certezas, não existe "possibilidade zero" de fracasso. Não há outra maneira: você precisa amar carregando essa incerteza, aceitando a probabilidade de que alguém se canse e mande tudo longe, que tudo possa crescer ou desabar. O universo que conhecemos é impermanente. Isso significa que tudo está em constante mudança e transformação. Por que o amor deveria ser algo estático e imutável? Amar no risco, no precipício, no ir e vir, conscientes de nossas forças

e fraquezas, do estrago que podemos causar à nossa relação. Insisto: o amor é para os corajosos. O medo no amor, seja qual for sua origem, é um fardo enorme, um obstáculo para o crescimento de qualquer relação, e libertar-se dele é fluir, naturalmente, na direção de um vínculo pleno e saudável.

Amar com leveza, do modo mais livre e vital possível, sem renunciar ao que somos e sem trair nossos ideais e valores. Amar tendo consciência de que somos nós que inventamos e reinventamos o amor que vivemos. Entender, finalmente, que somos os responsáveis pela nossa própria felicidade afetiva.

BIBLIOGRAFIA

ACEVEDO, B. P.; AEON, A. (2008). Does a long-term relationship kill romantic love? *Review of General Psychology*, 13, 59-65.

ARANA, J. (2005). *Filósofos de la libertad*. Madri: Síntesis.

BADIOU, A. (2011). *Elogio al amor*. Madri: La Esfera de los Libros. [Ed. bras.: *Elogio ao amor*. Trad. Dorothée de Bruchard. São Paulo: Martins Fontes, 2013.]

BAUMAN, Z. (2005). *Amor líquido*. Buenos Aires: Fondo de Cultura Económica. [Ed. bras.: *Amor líquido. Sobre a fragilidade dos laços humanos*. Trad. Carlos Alberto Medeiros. Rio de Janeiro: Jorge Zahar, 2004.]

BECK, U.; BECK-GERNSHEIM, E. (2012). *Amor a distancia*. Barcelona: Paidós.

CLARK, D. A. (2005). *Intrusive Thoughts*. Nova York: The Guilford Press.

COMTE-SPONVILLE, A. (1999). *La sabiduría de los modernos*. Barcelona: Península. [Ed. bras.: *A sabedoria dos modernos*. São Paulo: Martins Fontes, 1999.]

COMTE-SPONVILLE, A. (2011). *El placer de vivir*. Barcelona: Paidós.

Comte-Sponville, A. (2012). *Ni el sexo ni la muerte*. Barcelona: Paidós.

Conche, M. (2009). *Del amor. Reflexiones descubiertas en un viejo cuaderno de dibujo*. Barcelona: Paidós.

Feeney, B. C. (2007). The dependency paradox in close relationships: accepting dependence promotes independence. *Journal of Personality and Social Psychology*, 92, 268-285.

Friedlander, M. L.; Diamond, G. M. (2012). Couple and family therapy. *In*: E. M. Altmaier; J. C. Hansen (Eds.), *The Oxford Handbook of Counseling Psychology*. Nova York: Oxford University Press.

Hendrick, C.; Hendrick, S. S. (2009). Love. *In*: S. J. Lopez; C. R. Snyder (Eds.). *The Oxford Handbook of Positive Psychology*. Nova York: Oxford University Press.

Hill, P. L.; Allemand, M. (2011). Gratitude, forgivingness, and well-being in adulthood: Tests of moderation and incremental prediction. *The Journal of Positive Psychology*, 6, 397-408.

Illouz, E. (2009). *El consumo de la utopía romántica*. Madri: Katz.

Imbert, G. (2010). *La sociedad informe*. Barcelona: Icaria.

Klatte, B.; Thompson, K. (2007). *It's So Hard to Love You*. Oakland: New Harbinger Publications.

Knee, C. R.; Canevello, A.; Bush, A.; Cook, A. (2008). Relationship-contingent self-esteem and the ups and downs of romantic relationships. *Journal of Personality and Social Psychology*, 95, 608-627.

Mikulincer, M.; Goodman, G. S. (2006). *Dynamics of Romantic Love*. Nova York: The Guilford Press.

Muñoz Rendón, J. (2008). *Las razones del corazón*. Barcelona: Ariel.

Ortega y Gasset, J. (2003). *Estudios sobre el amor*. Bogotá: Oveja Negra. [Ed. bras.: *Estudos sobre o amor*. Trad. Wagner Shadeck. Campinas: Vide Editorial, 2019.]

Peterson, C.; Seligman, M. E. P. (2004). *Character Strengths and Virtues*. Nova York: Oxford University Press.

Pines, A. M. (2005). *Falling in Love*. Nova York: Routledge.

Precht, R. D. (2011). *Amor. Un sentimiento desordenado*. Barcelona: Siruela. [Ed. bras.: *Amor. Um sentimento desordenado*. Trad. Claudia Abeling. Rio de Janeiro: Casa da Palavra, 2012.]

Rholes, W. S.; Simpson, J. A. (2004). *Adult Attachment*. Nova York: The Guilford Press.

Riesen, C. B. (2006). *Course 87. American Psychiatric Association (159th Annual Meeting)*. Toronto, Ontario, Canadá.

Ryan, R. M.; Deci, E. L. (2000). Self-determination theory and the facilitation of intrinsic motivation, social development, and well-being. *American Psychologist*, 55, 68-78.

Ryff, C. D. (1989). Beyond Ponce de Leon and life satisfaction: New directions in quest of successful aging. *International Journal of Behavioral Development*, 12, 35-55.

Ryff, C. D.; Singer, B. (2002). From social structure to biology. In: S. J. Lopez; C. R. Snyder (Eds.), *Handbook of Positive Psychology*. Londres: Oxford University Press.

Sahdra, B. K.; Shaver, P. R.; Warren, K. (2010). A scale to measure nonattachment: a Buddhist complement to Western research on attachment and adaptive functioning. *Journal of Personality Assessment*, 92, 116-127.

Savater, F. (1999). *Las preguntas de la vida*. Bogotá: Ariel. [Ed. bras.: *As perguntas da vida*. Trad. Mônica Stahel. São Paulo: Martins Fontes, 2001.]

Seligman, M. E. P. (2011). *Flourish*. Nova York: The Free Press.

Slater, L. (2006). Esto que llamamos amor. *National Geographic en Español* (fevereiro).

Snyder, C. R.; Lopez, S. J. (2007). *Positive Psychology. The Scientific and Practical Explorations of Human Strengths*. Thousand Oaks, Califórnia: Sage Publications.

Sophia, E. C.; Tavares, H. T.; Berti, M. P.; Pereira, A. P.; Lorena, A.; Mello, C.; Gorenstein, C.; Zilberman, M. L. (2009). Pathological love: Impulsivity, personality, and romantic relationship. *CNS Spectrums*, 14, 268-274.

Spring, J. A. (2005). *How Can I Forgive You?* Nova York: Harper Collins.

Stevenson, L; Haberman, D. L. (2005). *Diez teorías sobre la naturaleza humana*. Madri: Cátedra. [Ed. bras.: *Dez teorias da natureza humana*. São Paulo: WMF Martins Fontes, 2005.]

Stuart Mill, J. (2008). *Sobre la libertad*. Barcelona: Tecnos. [Ed. bras.: *Sobre a liberdade*. Trad. Denise Bottmann. Porto Alegre: L&PM, 2016]

Talarn, A. (2007). En la intimidad de hombres y mujeres. *In*: Antoni Talarn (Comp.), *Globalización y salud mental*. Madri: Herder.

Tiqqun. (2012). *Teoría de la jovencita*. Madri: Acuarela & A. Machado.

Vaknin, S. (2007). *Malignant Self Love*. Nova York: Narcissus Publications.

Van Oyen-Witvliet, C.; DeYoung, N. J.; Hofelich, A. J.; DeYoung, P. (2011). Compassionate reappraisal and emotion suppression as alternatives to offense-focused rumination: Implication for forgiveness and psychophysiological wellbeing. *The Journal of Positive Psychology*, 6, 286-300.

Vázquez, C.; Hervás, Gonzalo. (2008). *Psicología positiva aplicada*. Bilbau: Desclée De Brouwer.

lepmeditores
www.lpm.com.br
o site que conta tudo

IMPRESSÃO:

PALLOTTI
GRÁFICA

Santa Maria - RS | Fone: (55) 3220.4500
www.graficapallotti.com.br